목차 CONTENTS

* 본 사례는 각 브랜드 운영 기업 및 기관의 정보를 받아 산업정책연구원 이수지 선임연구원, 이형진 책임연구원, 이화진 연구위원, 조연주 책임연구원, 하수경 연구위원이 작성하였습니다.

SER-M으로 찾는 브랜드경영

산업정책연구원에서는 제25회 대한민국브랜드대상 수상 브랜드들이 브랜드경영 측면에서 우수한 성과를 달성할 수 있었던 성공요인을 체계적으로 분석하기 위해, 브랜드경영 사례 분석 프레임인 ser-M 모델을 적용하였습니다. 실제 브랜드 성과(Performance)를 달성하기 위해 주체(s), 환경(e), 자원(r), 매커니즘(M)이 어떻게 형성 및 적용되었는지 파악할 수 있도록 지표를 구분하고 이를 바탕으로 문헌자료 및 심층인터뷰를 통해 정보를 수집하여 각 브랜드경영 사례 개발이 진행되었습니다.

브랜드경영 사례 분석 프레임 [ser-M 모델]

ser-M 모델은 어떠한 결과에 대해 수많은 원인이 영향을 미친다는 기본 전제하에서 그 수많은 원인들을 찾아내기 위한 하나의 방법론으로, 주체(subject), 환경(environment), 자원(resource) 등이 기업 브랜드경영 결과의 원인이 될 수도 있으며, 이 요소들 간의 상호작용을 통해 기업의 경쟁우위를 가질 수 있음. 따라서 기업을 평가하고 경쟁우위를 찾고자 하는데 주로 이용.

ser-M 모델

S 기업 아이덴티티 측면

- 기업의 이념, 철학, 발전과정
- 철학과 비전(브랜드플랫폼), 제품과의 연계성

E 기업 외부 역량 측면

- 시장 점유율, 시장 경쟁력 현황, 글로벌 위상 및 역량 등
- 산업군 특징 및 현황, 주요 경쟁 브랜드 등

R 기업 내부 역량 측면

- 조직 규모, 조직 구성 현황, 조직 문화 및 조직 제도 등

M 기업 프로세스 측면

- 고객/마케팅/프로모션 등 브랜드 활성화 및 촉진 활동
- 브랜드 및 디자인 전략, 유통 및 영업 전략, 제품 개발 프로세스 및 투자 현황
- 기업 이미지 전략 전반, 이미지 강화 활동
- CI(Coporate Identity) 전략이나 활동 등

* 출처: 「메커니즘기반관점: 통합적 경영을 위한 새로운 전략 패러다임」, 조동성(2018)

2023년

대한민국 대상 수상 브랜드

- 비비고
- 하나투어
- Tonight Tongyeong
- 고양국제꽃박람회
- 제주항공
- 크레텍책임
- 티머니
- 디벨론
- 아이오페
- LG 프라엘

비비고

CJ제일제당(주)

글로벌 시장을 경쟁 시장으로 정의하고 글로벌 대표 K-Food 브랜드가 되는 것이 Vision

- Global K-Food Brand = Bibigo
- "전 세계인이 일주일에 1~2회 이상 한식을 즐기도록 하겠다"

당신이 바쁜 일상 속에서도 매 순간을 최대한 즐길 수 있도록, "Bibigo, LIVE DELICIOUS"

Background

CJ제일제당은 내수시장의 한계를 극복하고 지속적인 성장을 위한 새로운 성장 기회를 모색하고자 2000년대 중반 본격적으로 글로벌화를 추진하기 시작했다. 2002년 중국을 시작으로, 2008년 일본 등 주로 아시아 지역을 중심으로 가공식품 위주의 수출시장을 확대하였다. 2010년 아시아를 넘어 글로벌화를 달성하기 위한 비전을 선포하고, 전사적인 차원에서 '한식'을 전략 품목으로 채택하여 '한식의 세계화'라는 미션 달성을 위해 CJ푸드빌의 글로벌 한식 프렌차이즈 브랜드로 '비비고'를 론칭하였다. 외국인들에게 친근한 비빔밥을 메인 메뉴로 CJ제일제당의 가공식품(양념류, 김, 햇반 등)도 함께 판매하여 한식을 알리고자 하였으나 예상과는 다르게 확산이 빠르게 이루어지지 못했다. 2013년 해외 진출이 원활히 이루어지지 못하는 원인에 대한 문제의식을 가지고 해외에서 답을 찾는 것이 아니라, 모든 역량이 집중 되어있는 한국 시장에서 다시 출발하기로 하면서 여러 논의 끝에 '만두'제품을 전략상품으로 개발하게 된다. 현재 '비비고'는 국내 만두시장은 물론, 해외시장에서도 높은 시장점유율을 이어가고 있으며, 다양한 제품으로 확장을 지속하고 있다.

Brand Description

비비고는 CJ그룹의 전사적인 식품산업 분야에서의 '한식의 세계화'라는 미션 달성을 위해 2010년 5월 글로벌 한식 브랜드를 목표로 론칭되었다. 메인 메뉴인 '비빔밥'과 '비비다'의 우리말 어원에 테이크 아웃(Take Out)을 뜻하는 'To-Go'의 의미를 합성하여 만들어진 이름으로, 브랜드 로고는 비빔밥의 돌솥과 숟가락, 젓가락의 모티브를 활용하여 디자인되었다.

Subject

CJ그룹에서 최초로 해외진출을 시작한 사업부는 식품사업부문인 CJ제일제당으로 1960년대부터 설탕과 조미료 등을 수출해 왔다. 주로 재외교포를

▼ 한국 비비고 레스토랑

▼ 미국 비비고 레스토랑

대상으로 미국과 일본, 동남아 등에 가공식품을 수출하면서 확장해 나갔다. 1990년대 후반까지는 어느 정도 국제화를 이루었으나 대부분 식품이 아닌 사료 원료 중심이었으며, 국내 식품시장은 성숙기에 접어들어 성장이 정체된 상태였다. 이에 CJ그룹의 이재현 회장은 지난 2000년 "매년 1-2회 한국 식문화를 즐겁게 접하도록 하겠다"는 포부를 밝히며 CJ푸드빌을 설립했다. 단순히 한국식 '밥집'을 하는 것이 아니라 한식 문화를 새롭게 정립하고 전 세계에 이를 전파하는 것을 강조하며 '한식의 세계화'를 목표로 빕스, 계절밥상, 뚜레쥬르, 투썸플레이스 등 다양한 외식사업을 추진하였다. 2010년 CJ 온리원 컨퍼런스에서 이 회장은 제2의 창업을 선언하고, "2013년까지 CJ브랜드를 널리 알려 글로벌 기업으로서의 위상을 확보하며, 2020년 해외 매출 비중이 70%에 달하는 글로벌 리딩 기업으로 거듭나겠다"는 포부를 밝혔다. 이러한 목표 달성을 위해 그룹의 식품 부문의 글로벌화가 필수적이었으며, 이에 CJ그룹 차원에서 식품 계열사인 CJ제일제당과 CJ푸드빌의 글로벌화를 본격적으로 추진하게 되었다. 이러한 과정에서 '비비고'는 2010년 5월 이 회장의 한식 세계화 철학을 담아 글로벌 한식 브랜드를 목표로 개발·론칭하게 되었다.

Environment

'한식의 세계화'라는 목표 달성을 위해 CJ푸드빌은 비비고의 브랜드 론칭과 함께 한식 프렌차이즈 레스토랑 사업으로 과감하게 해외매장부터 확장해 나갔다. 2010년 북경, LA, 싱가포르에 비비고 레스토랑을 오픈하였고, 이후 영국, 일본, 인도네시아 등으로 사업영역을 확대해 나갔으나, 글로벌 사업의 성과는 미미하였다. 당시는 한류도 없었고, SNS나 OTT도 없어 한국 컨텐츠도 알려지기 전이어서 한식에 대한 관심도는 낮을 수 밖에 없었다. 또한 주력 메뉴였던 비빔밥은 서구에서 보기에는 탄수화물이 많고 단백질이 적으며, 신선한 채소 대신에 숙채에 소스를 넣고 비벼먹는 스타일로 프레시한 음식의 이미지가 없었다. 여기에 한식 나물의 수급도 어렵고 단가도 높아 사업성이 낮았으며, 국가마다 다른 상권에서 테스트를 거쳤으나 답을 얻지 못했다. 그러던 중 당시 샵인샵(shop in shop)의 개념으로 외식에서 가공식품을 함께 파는 트렌드에 맞춰 비비고를 CJ제일제당에서 생산하는 가공식품의 글로벌 브랜드로 활용하여 시너지를 창출하라는 내부적인 미션에 따라 수출용 제품에 비비고를 붙여 비비고 레스토랑에서 함께 판매하기도 하였으나 그 성과 역시 미미했다. 글로벌 진출에 대한 돌파구가 필요했던 2012년 말, 시장 환경에 맞는 비비고의 재도약 필요성을 인식하고 원점에서 출발하였다. 글로벌 시장에서만 활용되던 '비비고' 브랜드를 모든 역량이 집중되어있는 한국에 론칭시켜 승부를 걸어보고자 하였다. 이에 전략상품을 선정하고 집중적인 기술개발을 통해 한국시장 1위를 선점하려는 전략을 실행하게 된다. 당시 CJ제일제당의 가공식품은 크게 래핑푸드와 플랫푸드 종류가 있었는데 이중 래핑푸드는 대표적으로 만두가 있었고 한국 시장에서 2-3위 수준이었다. 당시 한국의 만두시장은 저평가되어 있었다. 2004년 '쓰레기만두' 파동으로 냉동만두에 대한 불신이 팽배했으며, 품질적인 면에서 집에서 먹는 만두랑 냉동만두는 차이가 크게 나고 내용물을 눈으로 확인하기 어려워 냉동만두는 저가 만두로 인식되고 있었다. 또한 당시 경쟁사는 공고한 1등으로 혁신에 대한 필요성을 자각하지 못하여 연구·개발 등에 투자하고 있지 않은 상태였기에 비비고로서는 만두시장을 혁신할 수 있는 기회가 되었다. 만두 제품은 '한식'의 특징이 명확하고 한식 만두의 장점과 글로벌 지역 특징을 함께 살릴 수 있는 아이템으로 비비고는 전통 한식의 맛을 살리기 위한 함경도식 왕만두와 궁중만두인 '미만두'를 현대적으로 재해석한 컨셉으로 연구개발을 시작하여 '비비고 왕교자'를 출시하였다. 이는 당시 다른 냉동만두에 비해 30% 정도 가격이 비싸, 대형마트 진입이 어려워 백화점부터

2020년 비비고는 만두만으로 총 1조 300억 매출 기록 2022년 미국시장 만두 점유율 44.1%

비비고는 얇은 피에 고기와 야채가 조화롭게 섞인 꽉 찬 소로 중국/일본식 만두와 차별점을 두며, 건강한 가공식품이라는 이미지를 확립

덤플링(DUMPLING)이 아닌, '만두(MANDU)' 그대로의 명칭을 사용해 한국만의 창의적인 음식임을 부각

진출하였는데 소비자들의 맛과 품질에 대한 입소문에 힘입어 한 달여 만에 대형마트로 진출하는 등, 2013년 11월 론칭이후 6개월 만에 국내 만두시장 1위를 차지하게 되었다. 한국 만두 시장에서의 성공을 모델 삼아 전체 해외법인에서도 모든 역량을 만두에 집중하기 시작했으며, 현지인들의 입맛에 맞는 식재료를 활용, 현지재료를 수급하여 단가를 맞추어 글로벌 시장에서 점차 확장될 수 있었다. 또한, 당시 가수 싸이가 '강남스타일'로 K-팝이 본격적으로 글로벌로 알려지면서 비비고 론칭 캠페인에 싸이를 모델로 활용하여 인지도를 쌓아갔다. 또한 계열사인 CJ ENM의 다양한 콘텐츠와 행사를 통해서도 노출빈도를 높임으로써 자연스럽게 한국 문화와 함께 비비고가 소개될 수 있도록 했다. 이후로는 K-팝과 K-콘텐츠 등 한류의 인기와 더불어 SNS나 각종 매체를 통한 한식 문화에 대한 간접체험으로 외국인들에게 한식은 더이상 낯선 것이 아닌 새롭고 건강하고 재미있는 이미지로 소구하게 되면서 비비고의 문화마케팅이 K-푸드 확산과 함께 자리잡게 되었다.

Resource

비비고는 '한식 만두'만의 특징을 명확화하여 만두의 장점과 글로벌 지역 특징을 함께 살릴 수 있도록 까다로운 국내 소비자를 기반으로 R&D 기술을 개발하고 한국을 테스트 베드로 활용하여 글로벌로 확산하고자 하였다. 이에 소비자가 오감으로 체감할 수 있도록 모양, 맛, 향에 대한 혁신적 설계를 통해 기존 만두와 차별화하고 저가 냉동만두 시장 전체를 프리미엄화 할 수 있는 제품으로 탈바꿈하였다. 만두 모양에서는 궁중 만두인 '미만두' 모양을 구현하였으며, 만두소의 내용물을 식별 가능하게 입자를 크게 하다보니 자연적으로 기존 만두보다 크기가 커지면서 입 안 가득 차는 최적의 식감을 구현하였다. 또한 왕교자 전용 만두피를 개발하여 쫄깃하고 얇게 만들었으며, 만두소 제조에도 컷팅 기술개발을 통해 최적의 식감과 육즙을 구현해냈다. 2013년에 비비고 만두 론칭 이후 2015년까지 국내시장에서 독보적 1위를 유지한 뒤 본격적으로 해외시장 확장에 나섰다. 비비고의 핵심제품을 만두로 하여 전체 해외법인이 만두 개발에 집중하였는데, 한국에서의 기술력은 활용하되 만두소의 재료는 현지 수급, 현지인들이 좋아하는 향신료 및 재료의 활용 등으로 국가별로 현지인의 입맛에 맞는 제품개발에 주력하였다. 실제로 미국 전용 제품으로 닭고기와 실란트로(고수)를 선호하는 현지 입맛을 반영하여 '치킨 & 실란트로 만두'를 개발하였으며, 중국에서는 옥수수와 배추를 많이 먹는 식습관을 반영하여 '비비고 옥수수 왕교자', '비비고 배추 왕교자' 등을 선보였다. 만두의 수요가 점차 높아지자 자본력을 집중 투입하여 지속적인 M&A 등 해외 생산기지 확보에 주력하였고 2024년 현재 총 15개의 현지 인프라를 확보하여 수급을 원활하게 하고 있다. 인력과 조직 차원에서는 '비비고' 브랜드 론칭 초반에는 CJ푸드빌과 별개로 CJ제일제당에서는 가정간편식(HMR) 및 가공식품을 중심으로 비비고 브랜드팀에서 브랜드 매니저(Brand Manager)를 중심으로 비비고 브랜드, 제품, 생산 등을 전담하여 통합 관리하였다. 이후 2020년 8월 CJ푸드빌이 '비비고'

▼ 비비고의 문화 마케팅

1위
만두,
한국/미국
시장점유율

65%
세계시장
비비고제품
점유율

1조원
글로벌
만두 매출

브랜드에 대한 상표권을 CJ제일제당으로 넘기면서 브랜드그룹(BM)과 상품그룹(PM)으로 분리하여 BM은 브랜드 중심의 전략을 중점적으로 수립하고, PM은 프로젝트 관리 및 실행을 전담하였다. 이후 2022년에는 K-푸드에 대한 영토확장 가속화를 위해 글로벌 HQ와 지역(Region)으로 조직을 분리하였다. 글로벌 HQ에는 마케팅, R&D, 생산 등의 주요 기능을 편제해 국내를 비롯한 해외 전 지역의 사업을 효율적으로 관리하도록 하였으며, 마케팅의 경우 BM을 중심으로 비비고와 비비고 이외로 분리하여 글로벌 통합 브랜드 전략 수립 및 캠패인을 실행한다. GSC(Global Strategic Category) 조직에서는 6대 글로벌 전략 카테고리(GSP: 만두, 치킨, 김, 김치, K소스, 가공밥)별 전략을 수립하여 PM역할을 하고 있다. 생산의 경우 온리원(Only One)적인 제조기술 역량과 노하우를 해외 생산기지에 이식하였다. 지역 부문에서는 한국식품총괄 조직을 별도로 조직하여 의사결정 속도를 높였으며, BM, PM, 영업, 디지털사업, R&D, 생산, 인사 등 사업의 완결성을 높였다.

Mechanism

CJ푸드빌은 최고경영자의 강력한 '한식의 세계화'라는 전사적 미션 하에, 식품사업 관련 브랜드의 수출 증대를 목표로 가공식품 외에 글로벌 전문 외식사업 브랜드 '비비고'를 론칭하였다. 그러나 당시 K-푸드에 대한 세계인의 인식이 미흡한 상태였으며, 한국의 문화에 대한 이해도도 낮아 비빔밥 중심의 프렌차이즈 레스토랑은 현지화에 어려움을 겪게 되었다. 이러한 과정을 계기로 한식의 세계화에 대한 접근 방법에 대해 새로운 활로를 모색하였으며, 이에 국내시장으로 다시 눈을 돌려 한국을 테스트 베드로써 충분한 시험을 거쳐 브랜드와 제품에 대한 컨셉을 명확히 정립하려는 전략을 펼쳤다. 그간 CJ제일제당의 기술력을 바탕으로 전략상품을 '만두'로 선택하고 모든 자원을 만두에 투입하여 제품 혁신을 이루어 이전에 없었던 신개념의 냉동만두를 개발하게 되었다. 또한 환경적 측면에서 점차 K-팝을 시작으로 K-컬쳐가 확산되기 시작하고, 유튜브 등 SNS를 통한 매체가 활성화되는 글로벌 소비환경의 변화와 맞물려 비비고의 수요가 가속화될 수 있었다. 현재 비비고는 첫 전략제품인 만두가 시장에서 독보적 위치에 오르자, 제품 포트폴리오를 김치, 치킨, 국물 요리 등 간편식뿐 아니라 최근에는 K-스트리트푸드 전략으로 핫도그, 냉동 김밥, 붕어빵, 떡볶이, 호떡, 김말이 등 6대 식품을 전략 품목으로 지정하여 39개국에 수출하고 있다. 비비고 제품들을 일상식으로 자리잡게 해 더 많은 소비자로 확대해 나가겠다는 의지다.

Performance

2023년 기준 비비고는 70여개 국에서 판매되고 있으며 소비층의 해외 비중은 50%를 넘어섰다. 만두로만 한해 1조 원 가량 세계시장으로 수출되고 있으며, 한국과 미국에서의 시장점유율은 1위를 달리고 있다. 비비고의 글로벌 영향력 확대는 '철저한 현지화'와 '인프라 확대'가 주효했다. CJ제일제당은 철저한 시장조사와 소비자 니즈, 식문화 트렌드 등을 분석해 현지 소비자 입맛에 맞춘 제품을 개발하였다. 한국식 만두 형태를 기본으로 현지인들이 선호하는 재료로 만두소를 만든 현지화

▼ **Next bibigo**

제품과 함께 한국의 시그니처 제품인 '비비고 왕교자'를 앞세워 소비자를 공략했다. 이러한 현지화 제품과 '비비고 왕교자'가 글로벌 시장에서 인정을 받으며 현지 매출 성장을 이끌어내고 있다. 인프라 확보에 대한 공격적 투자도 급속한 세계화의 동력으로 작용하였다. 전략 국가인 미국과 중국을 중심으로 R&D 및 인프라에 집중 투자하며 독보적 경쟁력을 갖추는데 집중하였다. CJ 제일제당은 앞으로도 지속적인 R&D 투자와 대륙별 생산거점간 사업 시너지, 철저한 현지화 전략을 통해 사업을 확대해 나가겠다는 방침이다. 세계 가공식품 규모는 10조 원, 한식 전체로는 100조 원 규모로 추정하고 있으며, 맛, 식문화 경험, 건강함이 한식의 주요 경험 및 구매요인으로 조사되어 K푸드는 향후 잠재력이 더욱 큰 시장으로 평가되고 있다. 2024년 2월, 비비고는 BI(Brand Identity) 리뉴얼을 통해 기존의 비빔밥을 담는 솥과 젓가락의 모양에서 벗어나 한국의 식품을 함께 나누는 사람과 사이의 연결을 의미하는 밥상을 형상화한 디자인으로 변경하였다. 또한 영문과 한글을 함께 넣어 한국의 브랜드라는 점을 강조하고 있다. '넥스트 만두'로는 'K-Street Food'와 '치킨'에 대한 잠재력을 가장 크게 보고 있다. 뿐만 아니라 국내에서는 한식의 정수를 담은 셰프 콜렉션 밀키트, 외식 콜라보레이션 등 다양한 시도를 테스트할 예정이다. '비비고'는 '한식으로 더 맛있는 일상'을 뜻하는 브랜드 슬로건인 '리브 딜리셔스(Live Delicious)'를 내세운 다양한 캠페인으로 글로벌 Gen-Z세대 소비자들과 계속해서 소통할 계획이다.

하나투어

(주)하나투어

- **여행**을 만드는 브랜드
- **문화**를 만드는 브랜드
- **행복**을 만드는 브랜드

“ 여행 좋아하세요? ”

네! 라고 대답하는 당신과 달리
하나투어가 처음 시작된 1993년에는 많은 사람이 여행을 어렵고 낯설어했죠.
이것이 하나투어가 시작된 이유였습니다.
두려운 마음이 여행의 설렘을 방해하지 않도록 처음부터 끝까지 함께 한 거죠.

여행이 일상화된 요즘 시대.
그럼에도 불구하고 꿈꾸는 여행을 주저하는 마음들이 있습니다.

그 어떤 것도 여행의 설렘을 방해하지 않도록
당신이 좋아하는 여행에 한계가 없도록
포기했던 여행을 다시 꿈꾸고 미처 해보지 못한 무언가를 해보며
일상으로 돌아와도 여행의 설렘이 끝나지 않도록
그렇게 당신의 경험, 생각, 세계가 끊임없이 넓어질 수 있도록

새로운 하나투어가 함께할께요

꿈꾸는 대로
펼쳐지다.

Background

하나투어는 개인이 개별적으로 해외여행을 준비하고 떠나기 쉽지 않았던 시대인 1993년 11월 1일 설립되었고, 1996년, 고객에게 더 쉽게 다가갈 수 있는 이름인 ‘하나투어’ 브랜드로 변경되었다.

Brand Overview

하나투어는 ‘꿈꾸는 대로 펼쳐지다’라는 슬로건을 바탕으로 여행자들의 경험, 생각, 세계가 끝없이 넓어질 수 있도록 여행을 더 편리하게 만들고 다양한 여행을 제공하고 있다. 하나투어는 여행을 만드는 기업 브랜드이다. 여행의 본질에 충실한 여행을 만들고, 경쟁력 있는 상품을 고객이 더 쉽고 편리하게 구매할 수 있게 다양한 채널을 통해 고객과 소통하고 있다. 하나투어가 창립된 1993년과 달리 현재는 경험 많은 여행 능력자도 많고, 여행자들의 여행이 점점 확장되고 있는 시대이다. 이에 맞춰 대한민국 여행 문화를 만들어 온 1등 여행사답게 하나투어는 경험의 확장, 여행의 확장을 방향성으로 잡은 [꿈꾸는 대로, 펼쳐지다]를 기준으로 브랜드를 발전시켰다. '여행을 여행답게' 만들기 위해 고객의 소리에 귀를 기울인 하나팩 2.0 및 하나 Original, 우리끼리,하이엔드 브랜드 ZEUS와 더불어 더 편리하고, 더 다양한 여행을 통해 여행 본연의 즐거움에 집중하고 있다.

하나투어는 지속 가능한 여행 서비스를 제공하기 위해 환경적, 경제적, 사회적 문제를 해결하고 긍정적인 변화를 이끌어 나가며, 여행을 통해 환경을 보호하고 기존과 다른 새로운 여행 트렌드를 추구하고자 한다. 그 일환으로 2022년 5월, 고객과 약속한 여행이 지켜질 수 있도록 업계 최초로 여행의 처음부터 끝까지 고객의 소중한 여행을 보장하기 위한 개런티 프로그램을 도입하였다. 이렇게 하나투어는 브랜드를 고객 관점에서 고려하고 발전시키며 만족도 조사, 브랜드 선호도 조사를 정기적으로 실시하며 더 사랑받는 브랜드로 성장할 수 있게 발전하고 있다.

하나투어의 개런티 프로그램

고객의 소중한 여행을 지킬 수 있도록
하나투어는 약속합니다.

변경/오류 없는
정확한 여행일정표 제공

관광진흥법에 의거한
필수 고지 안내

상담시 빠짐없이
정확한 상품 안내

여행약관 교부
여행계약서 체결

여행 일정표에
준수한 여행 제공

고객 후기 모니터링
고객 의견 반영 상품 개선

약속한 여행이 아니면 100% 보상합니다.

쇼핑 금액
100% 보상

일정표에 없는
단체쇼핑센터 방문 시
쇼핑 물건 반품없이

선택관광 금액
100% 보상

일정표에 없거나,
정보와 다르게
선택관광 진행 시

지불 금액
100% 보상

일정표에 없는
기사/가이드 경비
지불 시

보상대상 : 하나팩 2.0 프리미엄 및 스탠다드(해외, 국내상품), 가이드 동반 해외 골프 상품

Subject

하나투어는 여행을 만드는 기업이다. 여행의 본질에 충실한 여행을 만들고, 경쟁력 있는 상품을 고객이 더 쉽고 편리하게 구매할 수 있게 다양한 채널을 통해 고객과 소통하고 있다. 하나투어는 여행의 본질에 충실한 '하나팩 2.0'을 통하여 여행상품의 품질을 향상시키고, 향상된 품질을 바탕으로 우리끼리 프라이빗한 여행을 즐길 수 있는 '개별 패키지' 시장을 만들어 나갈 것이다. 하나투어만 만들 수 있는 여행 '하나 Original'을 비롯하여, 자유 여행자들의 패턴을 분석해 만든 '결합상품'을 통해 자유여행을 더욱 자유롭게 함으로써 여행시장을 선도하고자 한다. 또한 하나투어는 신뢰와 보장이라는 장점을 강화하여, 업계 1위의 자리를 더욱 확고히 하면서 여행시장 전체를 더욱 확장해 나가고 있다.

Environment

하나투어는 국내 여행사 중 해외여행 송출객 1위를 수십년째 유지하고 있는 여행사로서 전국 900여개 공식 인증예약센터, 해외 지사, 해외비자센터 등을 함께 운영하고 있다. 해외여행이 처음이거나 여행을 개별적으로 준비하기 어려워하는 분들이 브랜드 파워를 믿고 이용하는 만큼 상품과 서비스에 대한 기대치도 높은 편이다. 이에 보답하기 위해 고객의 소리에 귀 기울이고 고객의 의견을 빠르게 반영하여 고객의 성원에 보답하고 있으며 사회공헌활동 역시 다양하게 해오고 있다.

여행 수요는 꾸준히 있지만 코로나 등 예기치 못한 변수로 시장 상황을 정확히 예측할 수 없는 상황 또한 많다. 코로나19 이후 시장상황이 빠르게 회복되지 않았고, 상품과 광고를 준비했으나 천재지변이나 사회적 이슈로 예정대로 집행하지 못하는 등 그 때 그 때 대처해야 할 일이 종종 있었다. 이 경우 하나투어는 대안으로 준비한 다른 여행 상품을 홍보하거나 캠페인을 잠시 중단하는 등 시기에 맞춰 유연하게 대처하고 있다. 여행업 특성상 예상치 못한 변수는 늘 있기에 빠르게 대처하고 상황별 매뉴얼도 더욱 강화하는 것이 하나투어의 위기 극복 방안이다. 하나투어는 수십년 간 여러 어려움을 이겨내며 상황별 대처 노하우를 쌓아온 국내 1등 여행사로서 경쟁 브랜드가 꾸준히 생기는 중에도 고유의 강점을 살려 고객에게 계속해서 선택받는 기업으로 성장하고 있다. 코로나19 기간 동안 관광업 활성화 및 지원을 위해 정부기관에서 다양한 혜택을 제공한 만큼 코로나19 극복 후 하나투어는 전국 지자체와 협조적인 관계로 지역관광 활성화에 이바지하고 있다.

Resource

하나투어는 고객 접점에서 고객에게 브랜드 가치를 알리기 위해 고객경험본부(2022년 기준 브랜드 전담 전부서 인력 42명 /세부 부서: 마케팅전략부 브랜드마케팅팀, 고객관리부 고객중심경영팀 등)의 전담 부서를 설립하고 운영하고 있다. 코로나 19로 어려운 시기에도 브랜드 성장을 위해 2022년 기준으로 브랜드 전문인력이 14명 신규채용 되었으며 유관 대행사도 선정하여 브랜드를 효율적으로 운영하였다. 일반인 모델, 빅모델을 다양하게 기용하여 광고 캠페인을 진행하고 있으며 TVC, 라디오, 온라인뿐만 아니라 신규 매체를 발굴하여 다양한 접점의 고객들에게 브랜드 가치를 알리는 등 고객 접점에서 최대한 효율적으로 예산을 운영하고 있다. 또한 하나투어만의 독보적인 상품, 서비스로 차별화하기 위해 브랜드 내 다양한 서비스, 상표에 대한 상표권을 별도로 출원, 등록하여 관리하고 있으며, 하나투어 전용 서체를 개발하여 마케팅에 활용하고 있다.

하나투어의 새로운 패키지 여행, 하나팩 2.0

여행의 답이 되다, 하나팩 2.0

하나팩 2.0 프리미엄, 스탠다드 등급은 여행의 본질에만 집중한
하나투어의 새로운 패키지여행입니다.

	프리미엄	스탠다드
단체쇼핑	×	×
추가경비 (가이드/기사)	×	×
선택관광	×	○ 합리적 가격
	시내 중심 호텔 숙박 포함 해외 한정, 국내는 제외	
	핫플레이스 & 로컬 맛집 포함	

대한민국 다섯명 중 한명 하나투어 고객

하나팩2.0 HCSI 종합만족도 8% 상승

MAU(Monthly Active User) 52% 증가

Mechanism

여행자들의 여행이 점점 확장되고 있는 시대에 맞춰 대한민국 여행 문화를 만들어온 1등 여행사답게 경험의 확장, 여행의 확장을 방향성으로 잡은 [꿈꾸는 대로, 펼쳐지다]를 기준으로 브랜드를 발전시켰다. 그 어떤 것도 여행의 설렘을 방해하지 않도록, 고객의 여행에 한계가 없도록 하겠다는 하나투어의 의지를 브랜드 전략으로 삼고 운영하고 있다. 하나투어의 차별화 전략은 여행의 본질에 승부를 거는 하나팩 2.0이다. 여행 상품의 겉모습은 따라할 수 있지만 여행 기획, 판매, 여행 진행, 평가까지 하나로 이어지는 하나팩 2.0의 독보적인 프로세스는 따라할 수 없는 하나투어의 핵심 경쟁력이다. 여행의 본질에 집중한 상품 기획 → 여행일정에 핵심 가치를 담고 고객 중심 여행 진행 → 고객과의 약속 이행 평가 진행 → 데이터 기반 서비스 품질 향상으로 항상 더 나은 상품과 서비스를 제공하고 있다. 이는 상품 및 서비스에 대한 고객만족도 개선의 선순환으로 만족한 고객의 재구매로 이어지게 된다.

또 한 가지 차별점은 고객과의 약속을 보장하는 개런티 프로그램이다. 변경/오류없는 정확한 여행 일정표 제공, 상담 시 빠짐없이 정확한 상품 안내, 여행 일정표에 준수한 여행 제공 등 고객의 소중한 여행을 지킬 수 있도록 개런티 프로그램을 운영하고 있다는 것이다. 더불어 하나팩 2.0 프리미엄 및 스탠다드, 가이드 동반 해외 골프 상품 고객 대상으로 일정표에 없는 단체쇼핑센터 방문 시 쇼핑 물건 반품없이 쇼핑 금액 100%를 보상하며 일정표에 없거나 정보와 다르게 선택 관광 진행 시 지불 비용을 100% 보상하고, 일정표에 없는 기사/가이드 경비 지불 시에도 100% 보상을 하고 있다.

Performance

대한민국 다섯 명 중 한 명은 1등 아웃바운드 여행사 하나투어의 고객이다. 코로나19 이후에도 25년째 BSP(항공여객판매실적) 1등의 기세를 보이고 있다. 하나투어는 여행업계를 선도하는 여행사로서 여행업계를 더욱 발전시키는 데에 앞장서고 있다. 여행, 관광업계 활성화에 앞장서는 기업으로 고객의 소리에 귀기울인 상품과 서비스 운영, ESG경영으로 업계의 본보기가 되고 있다. 하나투어는 지자체과 지역 관광활성화에도 앞장서고 있으며, 경찰청, 질병관리청, 외교부 등 유관 부서와도 긴밀하게 협력하여 국민이 안전하게 여행을 떠날 수 있게 안전 여행 관련 캠페인도 적극 운영하고 있다.

2023년 3분기 매출액은 전년 동기 대비 238% 증가한 1276억원, 영업이익은 132억원을 달성하였다. 이 중에서 하나팩2.0은 총 매출액의 58%를 차지하였다.

하나투어의 정성/정량 성과

- 리브랜딩으로 젊은 연령대 선호도가 증가
- 2020년 전체 여행사 중 3위를 기록했던 선호도 2022년 조사 시 1위로 상승
- 대한민국 국민 다섯 명 중 한 명은 하나투어 고객
- 하나팩2.0 HCSI 종합만족도 8% 상승
- 2023년 1월 대비 9월 MAU(Monthly Active User) 52% 증가, 앱 고착도 20% 증가
- 2022 소비자중심경영(CCM) 국무총리표창 수상

하나투어는 1993년 창립 이래 30년 동안 대한민국 여행 문화 선도 주자로서 여행 시장을 개척하며 성장해 왔다. 30년동안 하나투어가 멈추지 않고 성장할 수 있었던 것은 고객과 브랜드 가치에 집중한 덕분이다. 하나투어는 고객의 소리에 집중하는 여행사 '하나투어' 소중한 꿈과 행복을 이뤄드리는 브랜드로 도약할 것이다.

Tonight Tongyeong

야간관광 특화도시

통영시

통영만의 컬러가 살아있는 ONE&ONLY 야간관광도시 구현

Brand History

통영시 Tonight Tongyeong은 대한민국 제1호 야간관광 특화도시 조성사업 공모로 선정되어서 탄생한 브랜드이다.

브랜딩 프로세스

'22. 11. 7	야간관광특화도시 브랜딩 용역 착수
'22.11.22	용역 추진방향 논의(온라인)
'22.11.28	브랜딩 용역 중간보고회
'22.11.30 ~ 12.7	브랜드 선호도 조사 : 2회 I 1,000명
	브랜드 네이밍 선정회의 : 3회 I 20명
'22. 12.22	브랜드 네이밍 (Tonight TongYeong) 선포
	브랜드 BI 및 문양 선정회의 : 3회 I 20명
'23. 2. 21.	브랜드 BI 및 문양 최종확정

2022년 12월 야간관광 특화도시 조성사업 선포식에서 야간관광 비전이 선포되면서 "Tonight Tongyeong" 야간관광 브랜드가 구축되고 2023년 2월 통영 야간관광 브랜드 BI가 확정되었다.

Subject

통영시는 산과 바다, 땅이 어우러지는 자연환경을 배경으로 "바다의 땅"이라는 브랜드 슬로건으로 남해안 중심도시로 도약하고 있으며, 민선 8기 "약속의 땅, 미래 100년의 도시 통영" 구호 아래 "오감으로 느끼는 문화예술관광도시", "다시 찾고 싶은 명품관광 도시 구현"을 시정 방향 및 역점시책으로 추진하고 있다.

통영시 Tonight Tongyeong의 브랜드 경영 비전은 다음과 같이 정리할 수 있다.

1. 통영에서만 즐길 수 있는 아름답고 즐거운 항구의 밤을 모든 세대가 함께 한다는 의미 전달
2. 통영만의 컬러가 살아있는 ONE&ONLY 야간관광도시 구현
3. 음악&다이닝 항구로서 강구안 야간관광명소 육성
4. 현시대 - 과거의 예술가가 함께 만드는 야간관광도시 구축
5. 전략적 글로벌 홍보마케팅과 상설 야간관광 상품 운영

Tonight Tongyeong 브랜드 운영 책임자는 통영시장이며 다음 내용은 브랜드 운영 책임자의 브랜드 경영 의지를 보여주는 사례이다.

2023 모던보이즈 및 다이닝페스타

브랜드 운영 의지 사례

- '22. 11 브랜딩 용역 착수 및 중간보고회 참여
- '22. 12 브랜드 네이밍 선호도 조사 및 간담회 추진
- '22. 12 시장 주재 정책회의(네이밍(안) 선정)
- '22. 12 언론·방송 매체 인터뷰
- '23. 1 시장주재 정책회의(브랜드 BI)
- '23. 2 각종 행사·축제 리플릿 및 현수막 제작시 BI사용 지시
- '23. 3 통영시 공문 및 홈페이지 메인화면 BI 반영 디자인 변경
- '23. 6 BI 활용 굿즈제작, 홍보영상 제작 지시
- '23. 6 주요 야간 관광지 포토스팟 설치
- '23. 8 야간관광 특화도시 사업 성공추진 업무협약 추진
- '23. 9 관광안내소 BI 배너 및 관광안내판 교체
- '23. 9 조직개편을 통한 전담부서 신설 (관광혁신과 야간관광 특화도시팀)

Environment

통영의 야간관광 현황('23년 상반기 성과평가 용역 결과)을 살펴보면 방문자 수가 매년 지속적으로 증가(21년 3.3%, 22년 2.6%, 23년 6.5%)하였고, 야간 시간대 방문객 수 또한 매년 지속적으로 증가하였다. (21년 2.5%, 22년 3.2%, 23년 7.7%). 성별 방문객 현황은 남 54.4% > 여 45.6%('23년) ,연령별 방문객 현황은 40~50대(41.6%) > 60대이상 (26.7%) > 청년층(21.3%) > 청소년(10대이하) 10.2%)으로 구성되어 있다. 숙박 방문자 비율은 17.1%로 전년 동기 대비 10.9% 증가하였다.

Environment

통영시 브랜드 운영은 관광혁신국 관광혁신과 야간관광 특화도시팀(국장 1, 과장1, 팀장1, 팀원 3)이 담당하고 있다.

'Tonight Tongyeong'의 자원 및 인프라는 다음과 같이 정리할 수 있다.

1. 투나잇통영 야간관광 이벤트
   - 온라인, 오프라인 동시진행(투나잇 소원을 말해봐 등)
2. 야간관광 상품개발 및 홍보마케팅
   - 외국인 전용 OTA 야간관광 상품개발
   - SNS 홍보 및 모객할인 프로모션 진행
   - 재한 외국인 마이크로 인플루언서 활용 콘텐츠 제작
   - 투나잇 통영 서포터즈 운영 및 기자단 팸투어 운영
3. 투나잇 통영 굿즈 제작
4. 투나잇 통영 야간도보투어 기획·운영
5. 통영 야간관광 FIT 여행정보 인프라 구축
6. 투나잇 통영 포토스팟 조성
7. 야간관광 거버넌스 및 방범대 운영
8. 야간관광 특화도시 협의체 공동마케팅 해외박람회 참가
9. 투나잇 통영 조형물(눈사람) 설치
10. 글로벌 통영 야간관광 홍보자료 구축

캔들라이트

Mechanism

통영시는 'Tonight Tongyeong' 브랜드 슬로건을 확정한 이후 온라인 및 오프라인 등을 통해 광범위하게 홍보 전략을 구축하여 브랜드 이미지를 확립해 나가고 있으나, 지자체 특성상 예산 편성, 집행에 어려움이 있고 인사이동, 부서 변경 등 확고한 브랜드 정책을 꾸준히 끌고 가는 데 한계가 있는 상황이다. 그럼에도 불구하고 투나잇 통영이 좋은 성과를 낼 수 있었던 주요한 브랜드 경영 전략은 Branding, Spatialization, Programing이다. Branding은 통영만의 야간관광 브랜드 및 컬러, 문양을 도출한 것을 의미하며, Spatialization은 강구안을 중심으로 야간관광명소의 공간을 구축한 것, 마지막으로 Programing은 예술과 음식, 야간관광을 활성화할 프로그램과 마케팅을 진행한 것이다.

'Tonight Tongyeong'의 차별화된 전략은 명확한 브랜드 정체성 유지 전략으로 다음과 같이 정리할 수 있다.

❶ 브랜드 가치설계
- 비주얼화 상징화
- 강구안을 중심으로 빛의 도시와 문화예술이 결합되는 유일무이한 통영만의 아이덴티티 구축, 통영 자개의 빛깔과 문양을 담고 통영 야간관광 브랜드의 비전을 담은 로고 이미지 확장

❷ 통합 브랜드 적용
- 확립된 아이덴티티를 기반으로 다양한 공공디자인 및 콘텐츠 개발

❸ 야간관광의 연계·확장
- 잠들지 않는 음악 항구 통영이라는 컨셉을 가지고, 통영 야간 관광의 중심지 디피랑을 강구안 일원까지 연계확장

❹ 글로벌 야간관광 도시로의 도약
- 투나잇 통영 글로벌 서포터즈 운영
- 야간관광 상품개발 및 홍보마케팅, 외국인 이벤트 등을 통한 글로벌 도시로의 도약

또한 통영시는 브랜드 개선 및 발전을 위해 지역 체류형 관광 육성을 위한 "야간관광 특화도시" 조성사업 성과 평가 체계를 구축하였다. 성과평가 체계는 현황진단과 성과평가로 구성되어 있으며 현황진단은 빅데이터에 기반한 방문객 관광행태와 소셜 빅데이터에 기반한 소비자 인식조사의 두 단계로 구성되어 있고, 성과평가는 객관적 측정이 가능한 지표의 계량평가, 전문가 정성평가에 의한 비계량평가, 관리감독기관의 기타 평가로 구성되어 있다. 통영시는 2023년 6월과 12월에 각 1, 2차년도 사업 성과평가를 실시하였다.

❶ 야간시간대 관광 소비액 증감률

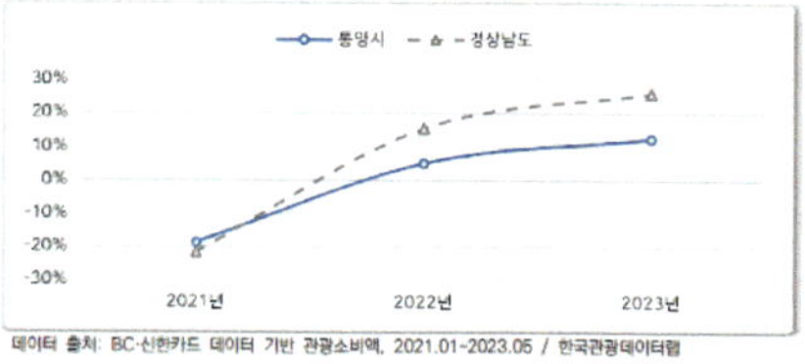

데이터 출처: BC-신한카드 데이터 기반 관광소비액, 2021.01-2023.05 / 한국관광데이터랩

❷ 야간시간대 방문자 전년동기 대비 증감률

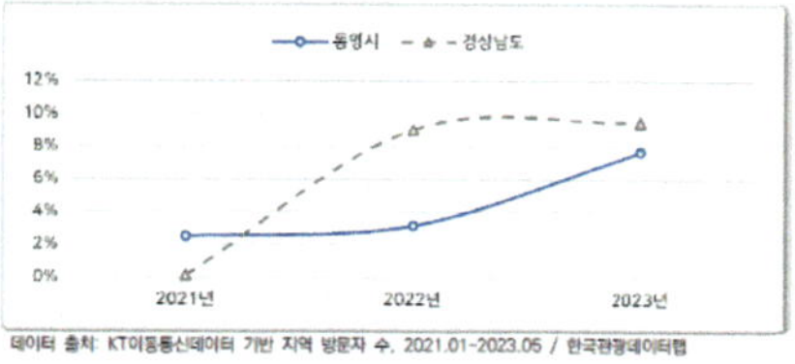

데이터 출처: KT이동통신데이터 기반 지역 방문자 수, 2021.01-2023.05 / 한국관광데이터랩

❸ 외지인 방문자 수 전년동기 대비 증감률

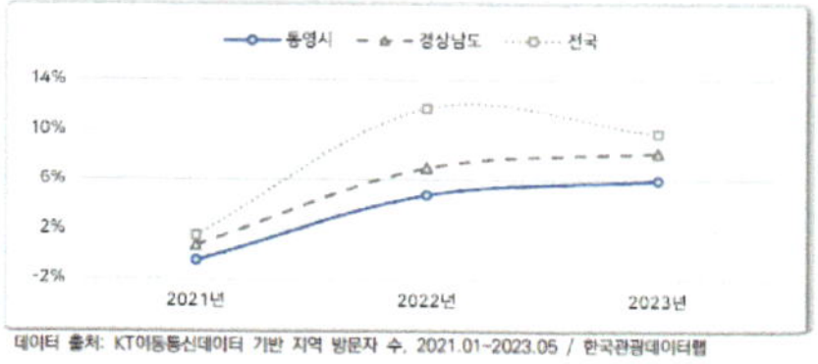

데이터 출처: KT이동통신데이터 기반 지역 방문자 수, 2021.01-2023.05 / 한국관광데이터랩

관광 관련 사업체 활성화

아시아·태평양 3대 축제도시 선정

한국 야간관광 이미지 제고

Performance

'Tonight Tongyeong' 브랜드는 야간관광의 중요성을 대두시키고 대한민국 야간관광 발전(통영의 정체성이 반영된 야간관광 특화도시 조성을 통해 글로컬 관광 목적지로서 한국관광 경쟁력·매력도를 업그레이드 함)에 기여하였다. 또한 관광 관련 사업체(숙박, 여행, 음식점) 활성화에 기여했다는 점에서 지역/국가 경제 발전에의 기여도가 크다고 할 수 있다. 또한 통영시는 대한민국 제1호 야간관광특화도시(성장지원형)로 통영의 위상을 높이고, 호주 시드니, 중국 충칭과 함께 아시아·태평양 3대 축제도시로 지정되었다. 'Tonight Tongyeong' 전용 홍보 채널 구축, 외국인 전용 OTA 상품 개발, 외국인 관광객 모객 프로모션 진행, 외국인 마이크로 인플루언서 활용 등 내외국인 방문객의 접근성을 강화하여 한국의 야간관광 이미지 제고에 기여했다는 점에서도 의미를 찾을 수 있다.

정량적 성과('23년 1월 ~5월 기준)

- 주요 대상지 야간 방문객 수 전년 동기 대비 7.7% 증가
- 주요 대상지 방문객 평균 체류시간 전년동기대비 1.6% 증가
- 주요 대상지 야간 관광지출액 전년동기대비 12.5% 증가
- 주요 대상지 외지인 방문객 수 전년동기대비 6.0% 증가

* '23년 상반기 성과평가 용역 결과

정성적 성과

- 2023 대한민국브랜드대상 우수상 수상

앞으로도 'Tonight Tongyeong' 조성사업은 문체부, 한국관광공사, 지역관광단체와 연계하여 2024년 제3차년도 야간관광 특화 도시 사업으로 추진될 예정이다.

고양국제꽃박람회

(재)고양국제꽃박람회

• 꽃의 새로운 미래가치 창출을 위한 세계 최고의 K-Flower박람회

• 지방자치단체 개발 박람회 30년 레거시(Legacy) 보유

• 국내 유일의 국제 인증 화훼문화 산업 하이브리드 행사

1997년 고양세계꽃박람회로 시작하여 대한민국 화훼 문화·산업 대표 축체 브랜드로 자리매김하기까지

Brand History

1997년에 시작된 고양국제꽃박람회(당시에는 세계꽃박람회였으며, 2009년 현재의 명칭으로 변경)는 지방자치단체 출범에 따른 경기도의 지역 활성화, 농업 부문 개방화에 따른 화훼산업의 전략적 육성, 그리고 도심 속의 꽃과 정원 공간 조성을 통한 국민의 정서적 함양의 목적으로 기획되었다. 기획 당시 표방한 '국민들의 화훼에 대한 관심 증대, 관련 기관과 기업의 정보교류의 장, 자연과 기술에 대한 조화로운 전시로 꽃과 정원에 대한 과학지식과 문화 활동소개의 장, 21세기를 향한 새로운 광장·공원상 추구, 세계의 의·식·주를 포함하는 생활문화를 체험할 수 있는 박람회, 인간과 자연의 공생을 느끼며 즐거움이 넘치는 공간 구성 등'의 지침은 현재까지 그 기본을 이어오고 있다. 위와 같은 개최의 목적과 지침을 조직적으로 관리하기 위해 1999년 재단법인 '고양세계박람회 조직위원회(2007년 현 재이름인 재단법인 고양국제꽃박람회로 변경)를 설립하였다. (재)고양국제꽃박람회는 박람회를 효율적으로 준비·운영하여 화훼기술 개발·연구 및 화훼 관련 문화·예술진흥과 화훼 교류를 도모함으로써 고양시를 국제 화훼중심 도시로 도약시키고 더 나아가 국내 화훼산업을 육성·발전시키데 주력하고 있다. 법인 설립 이후 한국고양꽃전시회 9회, 3년주기로 진행되던 고양국제꽃박람회를 2013년부터 매해 개최하여 2023년 현재까지 총 15회, 호수공원 연꽃축제 3회, 장미페스티벌 3회, 가을꽃축제 10회, 호수꽃빛축제 3회 등 정기적인 행사를 추진·개최하고 있으며, 이외에도 아시아태평양난전시회, 꽃과 용기의 행복만남전 등의 특별행사도 기획·진행하였다.

Subject

고양국제꽃박람회가 하나의 브랜드로 자리매김하기까지에는 경기도와 고양시의 정책적 노력이 있었다. 1997년 대한민국 최초의 국제꽃박람회가 개최되기 2년 전인 1995년 당시 경기도지사는 취임 100일 기자회견에서 활력과 매력이 넘치는 「일등경기 기본방향」 15대 중점 정책 50대 중점사업에 '국제꽃박람회 개최' 계획을 선정·발표하였다. 이에 각 지방자치단체는 국제꽃박람회를 유치하기 위한 치열한 경쟁에 들어가게 된다. 당시 개최 후보지로는 고양시 호수공원을 비롯하여 용인군 자연농원 자동차 경기장, 과천시 승마경기장, 수원시 종합운동장 축구장이 거론되었으나, 최종적으로 고양시 호수공원이 선정되었다. 이러한 배경에는 고양시가 1980년대 이후 국내 농업구조 변화와 수입 개방화에 대응하기 위해 전략적으로 화훼산업을 육성하고 1991년부터 1996년까지 꾸준히 꽃전시회를 개최해오고 있던 것이 큰 역할을 하였다. 이러한 과정을 통해 공익과 경영이념이 조화된 국내 최초의 국제꽃박람회가 1997년 개최되었으며, 명예대회장에 경기도지사, 대회장에 고양시장이 주축이 되는 조직위원회를 구성·추진하였다. 이렇듯 고양시가 추진기획단 조직체계를 갖추고 공격적인 경영전략을 통해 새로운 시도로 우수한 평가를 받았으나, 향후 개최될 꽃박람회의 지속가능성과 매해 발전된 모습을 보여주기 위해서는 우수한 전문인력과 조직체계의 변화 필요성이 제기되었다. 또한, 1997년 개최이후 차기 행사에는 경영철학을 접목한 전시와 무역중심의 박람회로의 성격전환도 요구되었기에 조직의 전문성과 효율성을 높여 공공조직부문에서 민간조직으로의 전환을 위해 법인 (재)고양세계꽃박람회조직위원회를 설립하게 되었다. 법인 설립 목적은 '고양세계꽃박람회를 효율적으로 준비·운영하여 우리나라의 화훼산업을 지속해서 발전시키는 동시에 경기도와 고양시를 화훼의 중심도시도 발전시키기 위함'으로 설정하고 대표로는 고양시장을 임명하였다. 이후, 2007년 법인명을 박람회 브랜드인 (재)고양국제꽃박람회로 변경하였으며 2010년에는 '고양국제꽃박람회'의 브랜드자산 구축을 위해 재단법인이 추구해야 할 비전을 아래와 같이 설정하였다.

(재)고양국제꽃박람회 비전(2010)

1. 동북아시아 화훼무역의 중추적인 화훼박람회 위상 확립
2. 전 세계 최고의 꽃박람회로의 인지도 향상 및 화훼산업 발전
3. 글로벌 고양의 이미지 메이킹 위상 제고 및 정립
4. 꽃 소비 문화 확산으로 농가소득 증대 도모
5. 건전한 국민 정서 함양 및 여가문화 발전 도모
6. 효율적이고 부가가치가 높은 공기업으로 정착

그리고 비전 달성을 위해 '1단계 기반·조성 → 2단계 도약·발전 → 3단계 심화·성숙기'로의 발전 전략을 수립하고, 조직체계도 1처 1운영본부 3팀 20명으로 개편하였다. 이러한 비전 및 전략 수립, 조직개편을 통해 '고양국제꽃박람회'가 명실상부한 글로벌 꽃박람회 브랜드로 한단계 한단계 성장할 수 있도록 하였다. 2016년 3단계 심화·성숙기에 접어든 '고양국제꽃박람회'는 국제적 위상을 높이고 화훼산업을 선도하기 위해 다각적인 화훼 비지니스 지원 사업을 추진하였다.

(재)고양국제꽃박람회 경영전략체계도(2023 현재)

이후 코로나-19에 의한 환경적 변화, ESG경영에 대한 시대적 요구로 인해 '(재)고양국제꽃박람회'는 '꽃의 새로운 미래 가치 창출' 이라는 비전하에 혁신적인 화훼 행사 개최, 새로운 화훼문화 확산, 화훼산업 경쟁력 강화, 재단 경영의 건전성과 사회적 가치 실현을 경영목표로 화훼산업과 문화를 선도하기 위해 노력하고 있다. 특히, 개최 초기부터 브랜드 관리 차원에서 국민들에게 친근하게 다가가고 브랜드 인지도 제고를 위해 심벌마크, 마스코트, 로고송을 제작하였다.

심벌마크, 마스코트, 로고송

[심벌마크]	꽃의 환희와 인간의 화합을 표현하기 위하여 사람이 팔을 확짝 펼친 모습을 꽃의 모습과 같이 형상화 한 것으로 적색은 꽃을 대표하는 색상으로 화합, 단결을 상징
[마스코트] 	애칭은 KOKO(Koyang, Korea). 꽃의 요정을 귀엽고 친근감있게 표현. 하트모양의 날개는 꽃의 마음인 사랑, 꿈을 표현하고 미래천사를 상징하여 전세계의 마음과 의지를 표현
[로고송] Welcome to Flowers	· 가수 이용이 부름 · 일반인에게 꽃박람회 개최를 알리고 참여 분위기 확산 목적

Environment

고양시는 한강의 풍부한 수자원과 비옥한 토질로 농업을 중심으로 발전해 온 지역이다. 그러나 산업발전의 변화로 농업기반에서 2차·3차 산업으로 전환되면서 농업은 부가가치가 높은 화훼와 채소 등의 영농으로 변화하게 되었다. 특히, 1980년대 농업구조의 변화와 수입개방화 추세, 그리고 국민 생활수준의 향상에 따라 소비자들의 아름다움을 추구하는 정서적 욕구에 따라 꽃에 대한 소비가 증가하였다. 농림축산식품부가 2022년 발표한 국민화훼 소비액은 1만 3,764원으로 조사되었는데, 1985년 당시에는 1인당 1,823원, 1990년에는 5,565원 그리고 1991년에는 9,901원으로 급격히 증가한 것을 알 수 있다. 1996년 OECD 가입과 농산물 수입개방에 대응하여 고양시에서는 고품질의 화훼류를 생산함으로써 화훼산업의 경쟁력을 높이기 위해 유리온실 등의 사업을 조성·운영하게 되었다. 이러한 외부적인 환경 변화에 고양시는 능동적으로 대응하여 꽃박람회의 기반을 조성할 수 있었다. 1997년 첫 박람회 이후 4회의 세계꽃박람회, 매회 진행되는 한국고양꽃전시회, 아·태 난 전시회 및 학술회의, 연꽃축제 등이 진행되었으나, 재단은 세계적인 유수의 꽃박람회가 매년 개최됨으로써 화훼산업의 발전 및 관광분야에서의 브랜드 인지도를 확보하고 있다는 점에서 경쟁의식을 느끼고 2010년 고양세계꽃박람회를 매년 개최로 변경하게 된다. 매년 개최되는 세계 Top5 꽃박람회는 영국 첼시 꽃박람회, 네덜란드 알스메어 꽃박람회, 네덜란드 암스테르담 꽃박람회, 독일 에센 꽃박람회, 일본 동경 국제 플라워 엑스포가 있으며, 이들은 매년 정기적인 개최로 개최국의 이미지는 물론 세계적인 꽃 박람회로서의 브랜드 인지도를 공고히 하고 있다. 각 지역은 축제나 이벤트를 활용하여 지역을 홍보함으로써 지역 이미지 제고 및 지역 경제 활성화를 도모하고자 하며, 이에 국내에서도 2021년 기준 한국관광공사에서 운영하는 국내 여행 정보 사이트인 '대한민국 구석구석'에 등록된 꽃과 정원에 관련된 축제 및 박람회는 총 58개로 확인된다. 여가 및 문화생활의 확대로 온 가족이 여가 활동을 즐길 만한 장소가 부족한 현실에서 지역의 축제나 이벤트의 경쟁은 더 심화될 수밖에 없다.

Resource

고양시는 서울의 서북권에 위치하여 화훼 재배를 위한 기후와 토질, 시장 여건 등 최적의 요건을 갖춘 곳으로 화훼산업의 중심지역으로서의 발전가능성이 높은 지역으로 평가받고 있었다. 특히 고양시 관내 화훼 재배 면적은 474ha로 경기도 전체 화훼재배 면적의 34%에 달하는 수치이며, 선인장은 세계 수출 시장의 70%를 점유하고 있어 고양시는 우리나라 화훼산업의 중심지역으로 급부상하게 되었다. 꽃박람회가 개최되는 고양시 일산 호수공원은 교통이 편리하며, 김포공항과 인천국제공항, 통일전망대와 인접하여 외국인 관광객 유치가 유리하다는 입지적 장점을 가지고 있다. (재)고양국제꽃박람회는 2023년 현재 운영본부에 경영팀, 사업1팀, 국제전시 TF팀을 대외협력관 체제에 사업2팀, 행정지원TF팀으로 구성하여 운영하고 있으며, 총 15명의 인원이 재직하고 있다. 박람회 조경·전시 연출의 전문성 확보를 위해 조경기사 자격증 소유자를 채용하였으며, 국제업무의 전문성을 위한 인력을 채용하여 조직의 효율성을 꾀하고 있다. 또한, 고양국제꽃박람회 브랜드 보호 및 관리를 위해 고양시청, 회웨산업유관기관, 지역경제협의체, 고양시민 협회 및 단체로 구성된 협의체를 구성하여 운영하고 있다.

Mechanism

(재)고양꽃국제박람회는 고양시장이 중심이 되어 전문가를 영입하고 타 지자체의 꽃전시와는 차별화된 박람회를 통해 꽃박람회가 단순한 전시사업이 아닌 화훼농가의 소득증대와 지역경제 물론 국가경제에 이바지할 수 있도록 다양한 사업을 전개하였다. 특히 화훼비지니스 사업, 아시아 화훼박람회 개최기구 연합(C.A.F.E) 네트워트 구축, 화훼 복합 멀티태스킹 사업을 추진하게 된다. 화훼비지니스 사업은 해외시장동향분석, 선진 화훼 정보제공, 수출확대 다변화 등을 목적으로 다양한 국가의 관련업체들이 참여하여 고양시 화훼단지 홍보효과 및 '꽃의 도시 고양시'의 브랜드 이미지를 더욱 굳건하게 만들 수 있었다. 글로벌 화훼 네트워크는 아시아 화훼 박람회 연합(C.A.F.E)의 교류 협력 활성화를 통해 상호 보완적 커뮤니티를 확대하도록 하여 국제적 위상 강화의 기반을 조성하였다.

아시아 화훼 박람회 개최기구 연합 기관

- 대한민국 고양국제꽃박람회
- 부탄 농림부
- 인도네시아 마나도시
- 인도네시아 도모혼시
- 일본 동경 그랑프리 국제 난 페스티벌
- 카자흐스탄 아스타나KS
- 말레이시아 푸트르자야 관광청
- 네팔 화훼협회
- 파키스탄 화훼협회
- 싱가포르 화훼협회
- 대만 타이베이시
- 태국 왕정식물원 로얄파크 라차폭
- 두바이 미크랄가든 이상 13개 기관

화훼 복합멀티태스킹 구축은 다양한 산업군과의 상생 협력을 통해 유·무형의 연관 산업 가치를 창출하고자 하였으며, 두바이 미라클 가든, 유니세프 정원 등의 조성은 물론 유명블로거를 통한 공동 홍보를 추진하였다. 네이버, 한국철도공사, 서울교통공사, 롯데 GRS, THE 현대, CJ CGV, 유니세프 코리아, LG전자, 월드비전,

산업통상자원부 국제행사 인증, 고양시 및 경기 도시 브랜드 제고 업사이클링 전시, 네트워크 활성화 및 협력을 통한 ESG 실천

❶ 업사이클링 전시 (인천 국제 공항)

❷ 기후변화 속도를 저감하는 지속가능한 생태순환형 미래 정원 조성

생산유발액 611억원, 부가가치 유발액 260억원 (2022년기준)

관람객 총 53만명

비즈니스 상담액 약 600만달러

월드플로라, 농협, 디스트릭트 등 기업(기관)과의 시너지 마케팅으로 고양시의 화훼, 관광, 도시 브랜드 등의 무형의 가치를 창출할 수 있는 계기를 마련하였다. 이러한 고양꽃국제박람회의 유·무형의 가치를 기반으로 시민들이 자발적으로 참여하고 협력하는 네트워크 커뮤니티 조직화 및 지속적인 참여를 유도하여 대한민국에서 가장 살기 좋은 도시, 누구나 와보고 싶은 국제 꽃 문화 관광도시를 위한 사업을 전개하게 된다. 이는 행정기관 주도에서 벗어나 주민 공동체에 의한 화단 및 정원 조성사업을 통해 다시한번 꽃의 도시로서의 브랜드 이미지를 강화할 수 있었다. 최근 탄소중립 및 순환경제로의 전환 등이 이슈가 되면서 박람회 특성상 버려지는 쓰레기 등의 문제를 선제적으로 해결하기 위해 ESG경영 계획을 수립하여 이를 실행할 수 있는 매커니즘을 구축하고 있다.

ESG경영 실천 계획

[stage 2023]	[stage 2024]	[stage 2025]
RESENERATION 재건 회복 복구 갱생 ↓ Re-Generation 지속가능한 세대	RECYCLE 재활용 순환 제로(Zero) ↓ Re-Cycle 지속가능한 순환	RECREATION 향유 창조 상상 확장 ↓ Re-Creation 지속가능한 창조
Flower in the Life 생활 속의 꽃	Flower in the Earth	Flower in the Universe 꽃과 유니버스

Performance

국내에서는 유일하게 국제행사로 인증 받은 고양국제꽃박람회는 축제와 산업적 박람회가 결합된 하이브리드형 행사로 12일이라는 행사 기간 동안 53만명의 방문객 확보, 재방문율이 56%에 이를 만큼 매해 다양한 볼거리와 즐길 거리를 제공함으로써 브랜드 인지도 뿐만 아니라 충성도 측면에서도 브랜드 가치를 확보하고 있다. 또한 화훼산업의 비즈니스 측면에서도 행사기간 동안 41개 바이어, 33개 셀러가 참여하는 등 600만불 이상의 상담이 이루어지는 장으로 활용되고 있고 화훼농가 직거래 판매만 4억원에 달하는 등 명실상부한 대한민국의 화훼 소비·문화 선도 역할을 담당하고 있다. 국내 최대 규모의 실내전시, 야외 화훼 전시 조경, 공연·이벤트·놀이·체험 등의 놀거리 등에 고양국제꽃박람회만의 차별화된 아이덴티티가 보여질 수 있도록 기획하여 그 성과를 창출하고 있는데, 생산유발액 611억원, 부가가치유발액 260억원, 소득유발효과 99억원, 취업유발효과 648명 등의 지역 발전에 경제적으로도 기여하는 것으로 분석되었다. 국내 유일의 꽃 박람회 대표 브랜드로 로 성장할 수 있었던 배경에는 경기도와 고양시의 화훼산업에 대한 성장 가능성을 보는 탁월한 리더십, 고양시가 보유하고 있는 지리적 여건 등을 활용할 수 있는 역량과 노력, 그리고 조직적으로 이를 뒷받침할 수 있는 전문성이 있었기 때문에 가능할 수 있었다. 향후 이러한 성과를 발판으로 대한민국 대표 화훼박람회로의 브랜드 포지셔닝 강화와 세계속의 국제박람회로의 브랜드 입지를 공고히 하고자 하며, 지역기반 콘텐츠를 활용하고 온라인 플랫폼으로서의 꽃박람회 가치 창출을 통해 '꽃의 새로운 미래 가치 창출을 위한 세계 최고의 K-flower박람회'를 위해 나아가고자 한다.

제주항공

(주)제주항공

• 여행의 새로운 기준을 제시하는 항공사
• 국내 소비자의 여행을 변화시킨 최초의 항공사
• 국내 LCC 중 매출액 1위,
소비자 종합만족도 평가 1위

JEJUair

대한민국 최초의 LCC대표 항공사 "여행은 제주항공이다"가 연상될 수 있는 브랜드로 성장

Background

제주특별자치도와 애경그룹의 합작으로 설립된 제주항공은 대한민국 최초의 LCC(Low Cost Carrier, 저비용항공사)로 2005년 1월 제주도의 항공교통을 개선하여 제주도민과 관광객의 편의를 목적으로 설립되었다. 2023년 현재 제주항공은 대한민국 LCC 중 가장 많은 40대의 항공기를 보유하고 있는 명실공히 대한민국 대표 LCC이다. 2006년 6월 5일 제주-김포 노선 첫 취항을 시작으로 일본, 중국, 필리핀, 태국, 베트남, 대양주(괌, 사이판), 러시아, 라오스 등 아시아 태평양 47개 도시, 66개의 노선을 운항하고 있다.

Brand Description

제주항공의 로고타입은 LCC No.1 으로 자신감과 신뢰감을 주는 워드마크 형태로 개발되었으며, 'í'의 삼각형 깃발 형식은 고객을 맞이하는 반가움과 환경의 의미를, 임직원들에게는 전 세계적으로 뻗어 나가는 리더십과 대표성을 상징한다.

JEJUair

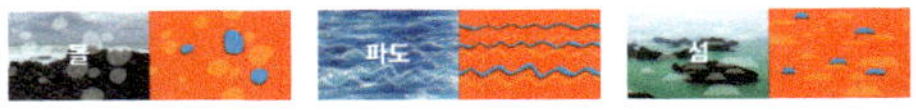

디자인 전체적으로 오렌지 단일 색상에 블루 색상을 추가해 다양화함으로써 아시아 전역으로 노선망을 확대해 고객들에게 다양한 서비스를 제공한다는 의미가 담길 수 있도록 개발하였다. 또한 항공기 꼬리 날개 디자인은 제주를 상징하는 돌, 바람(파도), 그리고 본섬과 부속 섬들을 새로운 무늬(pattern)로 형상화하여 디자인하였다.

Subject

브랜드 경영은 김이배 대표이사가 총괄하고 있으며, 마케팅팀 주도 아래 조직적이고 체계적으로 Brand Management System을 구축·운영하고 있다. 더 넓은 하늘을 향한 도전으로 더 많은 사람들과 행복한 여행의 경험을 나눈다는 기업 비전하에, 브랜드 가치(Brand Value)로는 '제주항공과 함께라면 누구든, 언제든, 어디든, 어디서든, 쉽게, 빠르게, 편리하게 여행을 떠날 수 있다'로 정의하고 여행에 대한 새로운 생각과 다양한 시도로 고객의 여행과 삶의 행복을 주는 항공사가 되기 위한 고객과의 브랜드 약속을 지키기 위한 브랜드 경영을 실천하고 있다.

JEJUair

▼ ‘여행맛(여행의 행복을 맛보다)’ 체험공간

▼ 브랜드 아이덴티티 반영 및 콜라보 굿즈

Environment

미국이나 유럽, 호주 등에서는 1990년대부터 LCC가 활성화되기 시작하였으나, 국내에서는 2000년대 제주항공이 설립되면서 LCC 시대를 열게 되었다. 현재 국내에는 제주항공, 티웨이 항공 이외에 에어부산, 이스타항공, 진에어, 에어서울, 에어로케이항공, 에어프레미아 등 신생 항공사들이 진입하면서 그 경쟁 또한 치열해지고 있다. 이러한 경쟁 환경 속에서 제주항공은 설립 이후 고객의 합리적인 항공 여행 가격요구에 맞춰 빠르게 확장하고 있으며, 항공 업계에 지속적으로 혁신을 가져오고 있다. 특히 합리적인 가격 정책은 항공 여행의 대중화를 실현하였고 이전에 시도되지 않았던 방법으로 한국을 세계인의 관광 목적지로 만드는데 기여하고 있다.

Resource

제주항공이 여행에 대한 새로운 생각과 다양한 시도로 여행의 새로운 기준을 제시하는 브랜드가 되기까지에는 체계적인 브랜드 관리체계가 있었기 때문이다. 2023년 현재 13명으로 구성된 마케팅팀이 주축이 되어, 커머셜본부(디지털영업팀 2명, 부가영업팀 2명), 경영지원본부(기업문화팀 3명, 홍보팀 2명), 경영기획본부(대외협력팀 3명), 운항본부(운항기획팀 3명), 객실본부(객실서비스팀 3명), 장비본부(장비기획팀 2명) 등 각 본부의 협조하에 유기적이면서 통합적으로 브랜드를 관리하고 있다. 제주항공만의 수평적 조직문화와 협업을 촉진하는 긍정적이고 차별적인 조직문화가 기반이 되어 각 부서별 커뮤니케이션을 더욱 원활하게 하고 있다. 또한 주요 커뮤니케이션 요소에 대한 브랜드 가이드라인을 수립·제시하고 부서별 제작물에 대한 검수 등 통합적으로 관리하여 내부 브랜드 인식 강화를 위한 가이드를 전파하고 있다.

Mechanism

대표이사는 제주항공의 브랜드 자산 가치 제고를 위해 브랜드 주요 지표를 KPI로 채택하는 등 브랜드 체계 구축에 깊숙이 관여하고 있어 자연스럽게 브랜드 경영 문화가 전사적으로 내재화될 수 있었다. 이러한 브랜드 경영은 제주항공이 만들어 온 ‘최초’라는 수식어가 붙는 항공 서비스로 대한민국 항공 여행의 패러다임을 변화시킬 수 있었다. 제주항공은 ‘비즈니스 라이트(BIZ LITE), Refresh Point, 사전 주문 기내식, Air Cafe, 사전 좌석 구매, 스포츠 멤버십, 골프 멤머십, 안심케어서비스, 반려동물 동반여행 서비스, 교통약자 전용 리프트카 서비스’ 등 제주항공만의 차별화된 서비스를 제공하고 있다. 또한 국내 항공사 최초로 코로나 시기 지상에서 맛보는 기내식 카페 ‘여행맛(여행의 행복을 맛보다)’을 런칭하여 브랜드 체험 공간을 성공적으로 운영하면서 동종업계의 벤치 마킹 모델이 되었다. ESG 활동 역시 브랜드 아이덴티티가 반영될 수 있도록 일관성있는 활동을 기

획하고 실행하고 있다. '제주 남방큰돌고래 보호 캠페인, 업사이클링 굿즈 제작, 항공안전체험교실, 제주도 유기동물 보호 캠페인' 등 고객 참여형 활동을 확대하여 사회적 공감과 함께 효과적인 브랜드 커뮤니케이션을 진행하고 있다. 또한 브랜드 아이덴티티 요소가 반영된 굿즈를 꾸준히 제작하고, 이종업계와의 콜라보를 통한 굿즈를 출시함으로써 브랜드 선호도가 자연스럽게 확장될 수 있도록 브랜드 관리 매커니즘을 구축해 나가고 있다. 브랜드 캠페인 측면에서도 브랜드 아이덴티티가 반영될 수 있는 매커니즘이 구축되어 있는데, 창립 초기에는 'PRICE + FUN + ORANG'를 포인트로 하였으며, 2012년 이후에는 No.1 LCC 이미지 유지를 위해 한류스타를 모델로 하여 자유여행 트랜드를 반영한 'Refresh' 캠페인을 슬로건으로 사용하였고 2018년 이후에는 '여행의 새로운 기준, NEW STANDARD' 브랜드 캠페인을 진행하였다. 제주항공은 브랜드 총괄책임자 CEO를 주축으로 조직 구성원들에게 브랜드 내재화가 될 수 있도록 내부적인 커뮤니케이션에 자원을 집중하며, 외부적으로는 제주항공만의 브랜드 가치가 일관성있게 전달될 수 있도록 내부적인 커뮤니케이션에 자원을 집중하며, 외부적으로는 제주항공만의 브랜드 가치가 일관성있게 전달될 수 있도록 브랜드 커뮤니케이션을 강화하고 있다.

Performance

제주항공만의 차별화된 서비스는 성과로 이어지고 있는데, 2023년 한국소비자원이 실시한 국내 저비용 항공 4사 소비자 종합만족도 조사결과, 종합만족도에서 3.59점(평균 3.56점/5점만점)으로 1위를 차지하였다. 서비스품질, 서비스상품, 서비스체험을 평가하는 3대 만족도와 전반적 만족도, 기대대비 만족도, 이상대비 만족도를 평가하는 포괄적 만족도 모두에서 최고의 평가를 받았다. 또한, 2006년 25만 명으로 시작한 수송객 수는 2023년 기준 1억 명을 돌파하였으며, 국내 주요 항공사 매출 실적에서도 국내 LCC 중 1위를 달성하였다. 이렇듯 국민들의 여행을 획기적으로 변화시킨 제주항공은 일상에서 여행이 떠오를 때마다 함께 생각나는 브랜드로의 존재로 부각되었다. 전 세계에서 가장 바쁜 노선인 김포-제주를 포함한 국내선과 아시아태평양 47개 도시, 66개 노선을 운항하고 있는 제주항공은 브랜드 가치와 고객 중심적 사고를 통한 끊임없는 노력으로 산업통상자원부가 주최하고 산업정책연구원이 주관하는 2023년도 제 25회 대한민국브랜드대상에서 우수상인 산업부장관상을 수상하였다. 제주항공은 자칫 '제주'라는 이름이 가져오는 연상으로 인해 제주만 운항하는 노선으로 잘못 인식하는 경향이 있으며, '제주'라는 도시가 갖는 브랜드 이미지를 같이 가져갈 수 밖에 없다. 이를 보완하면서도 좋은 이미지는 적극 활용할 수 있도록 커뮤니케이션하고 있는데, 한국 방문 해외여행객 유치를 위한 문화 마케팅 및 한류마케팅으로 브랜드 인지도를 제고하며 유튜브 채널을 활용하여 실시간 국내·외 고객과의 활발한 소통을 이어가고 있다. 대한민국 'No.1 LCC'로서 '새로운 도전'과 '지속적 혁신'을 주도하는 제주항공의 브랜드 가치를 더 많은 고객들이 누리고, 더 넓은 세계로 뻗어 나아가는 제주항공의 비행을 기대한다.

크레텍책임

크레텍책임(주)

• 공구 유통의 혁신, 시스템 체계화
• 한국 공구산업의 패러다임 제시

대한민국 산업공구의 중심

Brand History

크레텍책임은 1971년 '책임보장공구사' 설립을 시작으로, 작업공구, 절삭측정, 용접 등으로 분류를 시도하여 업계 최초로 체계적인 시스템을 갖추고 전문관리 시대를 열었다. 특히 1989년에는 국내 유통되는 모든 공구 산업용품 분류를 집대성한 공구 카탈로그 '한국산업공구보감'을 발행한 것은 기업은 물론 국가적으로도 획기적인 혁신이었다. 2004년에는 산업공구 분야 한국 최초 바코드 시스템을 정착시킴으로써 비약적 성장의 발판을 마련하였으며, 2006년에는 온라인 주문시스템 CTX(CreTec eXpress)을 구축하여 공구 유통 혁신에 기여하였다. 크레텍은 국내에서는 생소한 공구 유통의 기업화를 이루기 위해, 미국, 일본 등 해외기업 벤치마킹을 시도하여 한국 시장에 맞는 공구 유통체계를 만들고 시장을 선도하고 있다.

Brand Overview

오늘날의 크레텍을 있게 만든 성공비결은 가치, 비전, 전략의 남다름과 그 실행력에 있다. 크레텍 브랜드의 핵심은 '신뢰'이며, 한국 공구산업 최초로 브랜드에 책임경영을 전개하였다.

Subject

크레텍의 기업 비전은 '길을 만들어 미래를 개척하는 산업공구 전문기업' 이며, 비전을 달성하기 위해 혁신적인 경영 시스템과 남다른 고객 서비스로 대한민국 공구산업 패러다임을 새롭게 제시하고 있다. 크레텍 창업자인 최영수 회장은 창업 당시 비록 영세하고 한계가 많던 공구업계에서 '책임보장'이라는 원칙을 지켜가고, 투명하고 부정과 결탁하지 않는 떳떳한 기업을 만들고자 노력하였으며, 창업 초기부터 고객과의 거래 관계에 있어서 브랜드 책임 경영을 실천하기 위해 정직한 가격, 정품 판매, 고객과의 시간 약속 엄수를 3대 원칙으로 삼고 현재까지 이를 실천하고 있다.

Environment

공구는 인류의 문명을 건설하는 가장 기본적인 도구로서 산업 발전의 기초이다. 만약 공구가 없다면 산업현장은 멈추고 말 것이다. 이에 크레텍책임은 '공구인천하지대본'이라는 사고방식을 기반으로 하고 있다. 또한, 공구는 소모성으로 연관산업에 파급 효과가 큰 핵심 기반 산업이며, 국가기반산업의 경쟁력 확보에 중요한 역할을 하는 요소 산업이라고 할 수 있다. 공구산업은 다품종 소량생산의 기술 집약적 중소기업형 산업으로, 정부 지원은 많지 않은 편이다.

한국 대표 공구 카탈로그, 공구 대백과사전 발행

Resources

크레텍책임은 브랜드 경영의 중요성을 인식하여 브랜드 경영을 특정 부서가 전담하게 하지 않고, 모든 임직원이 브랜드를 마음속에 새기고 업무에 임하도록 하고자 브랜드관리위원회를 조직하여 운영하고 있다. 브랜드 활동에 직접적으로 관여하는 인력 운용률은 전체 임직원의 13.5%이며, 핵심 브랜드 담당 인력의 비율은 6.2%이다. 고객에게 크레텍책임 제품 및 브랜드에 대한 정보를 제공하고 구매를 유도하며 브랜드 호감도 및 이미지를 제고하기 위해 옥외광고, 온라인 및 오프라인 홍보관, 스포츠 마케팅, 문화 마케팅 등을 실시하고 있다.
또한, 크레텍에서 제조, 유통하는 산업 공구의 품질과 서비스에 대한 책임감과 고객에게 신뢰감을 주기 위해서 산업 공구의 9가지 대분류별로 상표를 등록하여 국내외 78개 상표권과 8건의 디자인권을 보유하고 있다. 뿐만 아니라 한국산업공구보감에 대해 한국저작권위원회로부터 저작권 취득 등과 같이 다수의 지식재산권을 보유하고 있다. 이와 같은 지적재산권의 취득은 산업공구 부문에서 크레텍의 기술자원의 전문성과 창의성을 발휘한 결과로서 지속적으로 지적재산권을 확대해 나갈 예정이다.

Mechanism

크레텍책임은 공구 분야별 전문성을 바탕으로 특화하기 위해 분야별로 브랜드를 통합하여 운영하고 있다. 크레텍책임은 창업자인 최영수 회장을 브랜드 총괄책임자로 하는 Top-Down 방식으로 실질적인 브랜드책임 경영을 수행하고 있으며, 업계를 선도하는 혁신을 통한

크레텍책임의 분야별 브랜드 운영 전략

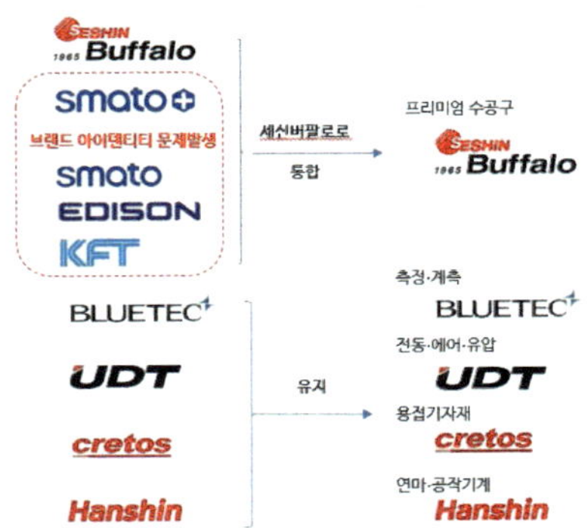

차별화된 브랜드 전략을 전개하고 있다. 공구상을 기업화한 국내 최초의 경영 모델을 갖고 있으며, 국내 최초로 공구 도매사업을 통해 제조사와 소매자를 연결하는 사업을 전개했다. 또한, 공구 산업에서 바코드 부착 운동을 일으켜 공구 산업에서의 과학화를 선도했으며, 온라인 주문 시스템(CTX) 구축, 국내 최초, 유일의 '산업공구보감' 발간, 공구산업전문지 '월간 TOOL' 발행, 국내 유통업체 최초 ISO9001 인증(1996.12) 등 업계 경쟁 브랜드 대비 차별화된 전략을 전개하고 있다. 크레텍은 브랜드의 현황 및 개선방안을 파악하기 위해 다양한 조사 분석을 정기 또는 비정기적으로 수행하고 있다. 크레텍책임, 크레텍웰딩 고객만족도 조사를 실시하고 있으며, 5개년 경영계획을 수립하여 중장기적인 브랜드 전략을 추진하고 있다. 또한, 크레텍책임 기업 차원의

국내 산업공구 유통업계 매출규모 1위 달성

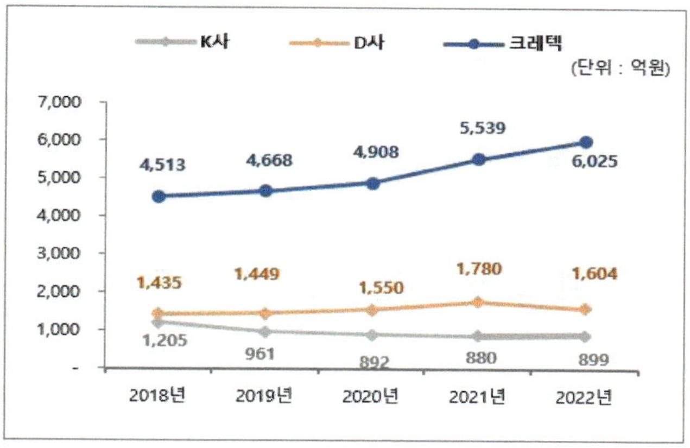

▲ 경쟁사 매출액 추이 비교('18~22)

브랜드 전략 컨설팅과 브랜드 차원에서 세신버팔로의 브랜드 전략 컨설팅을 수행하여 내외부 관점을 모두 포괄하여 브랜드 방향성을 수립하고 있다.

Performance

크레텍책임은 공구산업 발전을 위해 모범사례(best practices)를 창출하여 공구업계 종사자들의 성장에 긍정적인 영향을 미치고 있다. 크레텍책임의 찾아가는 서비스(outbound)로는 CEO가 공구상을 직접 방문하여 경영을 지도해주는 서비스를 통해 공구산업 발전에 도움을 제공하고 있으며, 초대하는 서비스(inbound)로는 전국에 있는 공구상을 크레텍 본사 및 물류센터 등에 초대하여 견학 및 교육, 그리고 업계 교류의 기회를 제공하고 있다. 지난 50년간 크레텍책임의 노력은 '국가가 할 일을 기업이 대신했다'는 평가를 받아왔다. 행정안전부 정부청사관리본부의 공구 분류 체계에 인용되기도 했으며, 정부청사 시설관리 시스템을 정비하는데 크레텍책임의 공구보감 내 공구 명칭과 분류 체계를 사용하고 있다. 크레텍은 산업공구 유통업계에서 국내 1위의 매출규모를 유지하고 있으며, 업계 내 2위, 3위 경쟁 브랜드와의 매출 격차를 점차 벌려나가고 있다. 또한, 크레텍책임 브랜드의 제품 및 서비스의 우수성을 대외적으로 인정받아 다양한 분야에서의 수상 성과를 보유하고 있다.

유통 부문

- **2009** 국가 우수자본재 개발 유공기업(국무총리 표창)
- **2010** 한국유통대상(지식경제부 장관상)
- **2015** 한국유통대상(산업통상자원부 장관상)
- **2020** 한국유통대상 대통령 표창

제품 브랜드 부문

- **2011** 고객사랑브랜드대상 수상
- **2014** 고객사랑브랜드대상 수상(smato)
- **2015** 제품안전의 날(산업통상자원부 장관상)
- **2018** 고객사랑브랜드대상 수상(월간 TOOL)
- **2022** 고객사랑브랜드대상 수상(세신버팔로)

품질 부문

- **2011** 국가품질상 산업포장
- **2016** 국가품질상 대통령 표창
- **2018** 국가품질분임조경진대회 대통령상
- **2021** 국가품질상 동탑산업훈장

서비스 부문

- **2015** 한국서비스대상 고객만족부문 대상
- **2019, 2021, 2022, 2023** 한국서비스대상 종합대상

Performance

브랜드가 기업의 가장 중요한 무형자산임에도 불구하고, B2B분야에서는 브랜드에 무관심한 경향이 있다. 크레텍책임은 앞으로 B2B, 공구 산업에서의 브랜드에 대한 인식을 제고하고, 브랜드 책임경영의 중요성을 널리 알려 공구 산업의 브랜드 문화 확산에 기여하고자 한다. 크레텍책임이 2016년 국내 수공구브랜드의 원조인 '세신버팔로'의 브랜드(상표권)을 인수하여 한국 수공구 명맥을 이어가고자 한 것도 브랜드에 대한 중요성을 인식하고 발전시켜 나가고자 한 것이다. 향후 고품질 국산 공구의 브랜드화에 앞장서 한국 공구의 가치를 더욱 높이기 위해 최선을 다하고자 한다.

티머니

(주)티머니

- 대한민국 최초로 국토교통부의 인증을 받은 **전국호환 교통카드**
- 카드 없이 결제를 편하게, **모바일티머니: 2천만명 누적 회원수**
- 모두를 위한 착한 택시, **티머니onda 100만명 누적 회원수**

국민교통카드 '티머니' World Class Smart Mobility & Payment Service Company

Background

2003년 서울시와 LG그룹에 의해 대중교통을 위한 통일된 AFC 시스템 구현을 목적으로 '서울스마트카드'가 설립되었다. 2004년 사명을 '서울스마트카드'에서 '한국스마트카드'로 변경하고, 교통카드 티머니를 출시하며 서울시 신교통카드 시스템 서비스를 오픈하였으며, 2019년 (주)한국스마트카드에서 (주)티머니로 변경하였다. (주)티머니는 "스마트한 이동과 결제 서비스를 제공하여 더 편리한 세상을 만든다."라는 미션 아래 '티머니 교통카드 시스템'을 기반으로 대중교통 정산 및 교통카드 서비스를 제공하고, 뉴질랜드 웰링턴, 말레이시아 쿠알라룸푸르, 몽골 울란바토르 등 전 세계를 무대로 첨단 IT기술이 집약된 교통카드 시스템을 수출하고 있다. 교통카드 한 장으로 버스, 지하철을 모두 이용할 수 있으며, 환승할인까지 받을 수 있는 티머니는 대중교통 교통분담율을 60%까지 높이며 대중교통 이용문화 자체를 스마트하게 바꾸었으며, 택시, 편의점, 카페 등 국민 생활 속에서 일상과 함께하며 '이동을 편하게, 세상을 이롭게' 만드는 브랜드로 진화하였다.

Brand Description

(주)티머니는 'Smart: 보다 친절하고 명확하게', 'Mobile: 보다 편리하고 유연하게'의 철학과 약속을 핵심상징 'T'를 심볼마크로 표현하였다. 2019년 통합브랜딩 1단계로 '티머니'를 사명으로 격상하며 통합 브랜딩을 본격화하였고, T의 상징성과 가독성을 고려하여 'money'는 삭제하고, T로고를 통해 신규사업 확장과 더 깊이 있는 소통을 강조하였다. 이후, 통합브랜딩 2단계로 '모바일티머니', '티머니GO', '티머니onda' 등 B2C 앱 서비스에 브랜드 통일성을 부여하였다. 2022년 ESG 브랜드 경영 선포를 통해 ESG 브랜드 경영을 강화하며 핵심 가치를 실천하고자 ESG 경영 슬로건을 수립하고 브랜드 경영 고도화를 진행 중이다. (주)티머니는 '고객'과 '공익성'을 최우선 가치로 기업의 사회적 책임을 이행해 지속가능한 미래를 만들어 가고자 '이동을 편하게 세상을 이롭게'라는 ESG 브랜드경영 슬로건을 수립하며 ESG브랜드 경영을 강화하고 있다.

Subject

(주)티머니의 브랜드 경영은 마케팅 부문장이 총괄하고 있으며, 마케팅팀을 브랜드 전략 컨트롤 타워로 운영하여 통합 브랜딩 체계를 구축하고 일원화된 브랜드경영 체계를 실행하고 있다. (주)티머니는 'World Class Smart Mobility & Payment Service Company' 비전 아래, 모빌리티와 간편결제플랫폼 영역에서 최고 수준의 서비스 사업자로서 지위를 강화하며 4차산업 혁명을 선도하고 있다.

Resource

2022년 기준, (주)티머니의 브랜드 전담 부서 인력은 총 36명으로 구성 되어있다. 마케팅팀을 중심으로 카드사업팀, 모바일플랫폼팀, 모바일사업팀, 택시플랫폼팀 등

대중교통카드 사용률 98%, (선불)교통카드 결제 점유율 81% 등 사업별 시장 점유율 1위 기록

서비스별로 브랜드 경영 전문인력을 배치하고 있으며, 인사, 법무, 대외협력팀, 고객센터 간 상호 협조 및 상시 피드백을 받고 있다. ㈜티머니는 '더 편리한 세상' 고객 가치를 실현하기 위해 '고객지향', '변화선도'의 조직 문화를 가지고 있으며, 사내 T-이노베이터를 통한 끊임없는 혁신 조직 문화를 추구하고 있다. 또한, 브랜드 전문가 교육체계를 통해 전문인력을 장기 육성하고 있으며, 브랜드 전문가 인력을 채용하고, 고객센터 브랜드 평판 관리 교육을 통해 조직내 브랜딩 마인드를 전파하고 있다.

Mechanism

㈜티머니는 명확한 브랜드 가이드 및 법 기준에 입각한 티머니 브랜드 관리, 보호 체계를 수립하고 있다. 신규 브랜드 런칭 시 브랜드 가이드 적용 사항을 검토하고, BI 제작, 상표권 등록 등 브랜드 적용 및 관리에 대한 사내 프로세스를 마련하여 관리하고 있다. 또한, ㈜티머니만의 브랜드 평가 시스템을 구축하여 ㈜티머니의 브랜드가 일관성 있게 운영될 수 있도록 브랜드 평가 시스템을 강화하고 있다. 외부 전문 기관을 통해 브랜드 평가를 지속적으로 진행하고 있으며, 'Mobile device RF' 시스템을 도입하여 고객 응대 및 A/S 처리에 대한 불만족 등을 개선하고 있다. 브랜드 캠페인 측면에서는 ㈜티머니의 브랜드 인지도 제고를 목표로 모바일티머니, 티머니GO, 티머니onda 등 ㈜티머니의 다양한 서비스에 대한 신규 캠페인을 전개하였다. 타 모빌리티 서비스(Maas) 브랜드와 달리 대중교통 및 다른 이동 수단 이용이 가능하고, 대중교통 이용을 통한 마일리지 적립, 교통비 절약 등 ㈜티머니의 핵심 서비스를 타깃에게 알리고자 하였으며, 대중교통을 이용하는 시민이라면 꼭 깔아야 할 교통이동 및 적립 필수 앱·서비스 브랜드로서의 포지셔닝을 강화하고자 하였다.

Performance

티머니는 대한민국 최초로 국토교통부의 인증을 받은 전국호환 교통카드로 ㈜티머니 신교통카드시스템을 통해 시민들이 대중교통을 이용하는데 많은 편리함과 이점을 제공하였고 이를 통해 대중교통카드 사용률 98%, (선불)교통카드 결제 점유율 81% 등 사업별 시장 점유율 1위를 기록하였다. 연간 티머니 카드 판매량은 2019년 기준, 550 만장으로 택시, 편의점, 카페 등 다양한 거래처를 통해 연간 약 2조 억원의 거래가 이루어지며 국민카드로 자리매김하고 있다. 티머니onda APP 서비스는 2022년 기준, 100만명 누적 회원수를 기록하였으며, 택시업계와의 상생으로 착한 택시문화를 선도하고 있다. 또한, 뉴질랜드 웰링턴, 말레이시아 쿠알라룸푸르, 몽골 울란바토르, 태국 방콕, 콜롬비아 보고타 3대륙 5개국에 ㈜티머니의 교통카드시스템을 활발히 수출하며 전세계에 다양한 서비스를 제공하고 있으며, 끝없는 도전과 브랜드 확장을 이루고 있다. ㈜티머니 태그리스 결제 시스템은 2023년 6월 바르셀로나 세계대중교통협회(UITP) 신기술 혁신 '대상'을 수상하며 ㈜티머니의 기술 우수성을 인정받았다.

DEVELON

HD현대인프라코어

Made to
move the earth

우리의 제품과 솔루션을 통해
고객과 파트너가 건설 사업 혁신의
최전선에 서서 성공을 거두고,
세계를 더 나은 곳으로 만들도록 돕습니다

"Global Leader in Infrastructure Solutions"
업계에 가치있는 변화를 일으키는 지속적인 기술 혁신으로 건설 장비, 솔루션 분야의 글로벌 리더로서의 입지 공고히

Background

HD현대인프라코어는 1937년 한국 최초의 대단위 기계공장인 '조선기계제작소' 설립을 시작으로 1976년 대우중공업(주), 2005년 두산그룹을 거쳐 2021년 HD현대로 편입되었다. 건설기계, 엔진, 각종 어태치먼트와 유틸리티 장비 사업을 영위하고 있으며 대표적으로 굴착기와 휠로더, 디젤 및 가스 엔진 등을 미국, 유럽, 아시아 등 세계 각지에서 생산 및 판매하고 있는 글로벌 종합 건설기계 회사이다. 고객에게 최고 품질의 제품뿐만 아니라 보다 나은 가치와 편의를 제공하며 Total Solution Provider로서 고객에게 혁신적인 제품과 솔루션을 선보이고, 이를 통해 Infrastructure Solution 산업의 글로벌 리더로 도약하고자 하는 의지를 담아, 2023년 1월 주력사업인 건설기계 사업의 '디벨론(DEVELON)' 브랜드를 런칭하였다.

Brand Description

'Develon'이라는 브랜드명은 'Develop(발전하다, 개발하다)'과 'Onwards(앞으로 나아가는)'의 합성어로 '끊임없는 혁신을 통해 미래를 향해 계속 나아가는 가운데, 세계 최고의 제품과 솔루션으로 세상을 변화시켜 나가겠다'는 HD현대인프라코어 건설기계 본부의 비전을 담아 탄생하였다. 업계 최고 수준의 제품, 포괄적인 서비스, 제품 이상의 가치와 편의를 제공하는 혁신적인 통합 솔루션을 통해 산업의 지속 가능한 발전에 기여하고 스마트 건설 비즈니스의 미래를 만들어가고자하는 의지를 담았다.

Subject

2023년 2월 온라인 쇼케이스에 조영철, 오승현 두 CEO가 직접 출연해 글로벌 딜러와 고객을 대상으로 디벨론의 브랜드 비전과 지향점을 공유하여 신규 브랜드를 전사 차원에서 적극 홍보를 진행할 수 있도록 독려했다. 이처럼 디벨론은 브랜드경영 차원에서 CEO의 직접적인 의사결정을 통해 중장기 브랜드 전략 및 브랜드 활동 전반에 대한 제반 사항들을 추진하고 있다. 또한 글로벌 내/외부 브랜드가치 내재화를 위해서도 CEO가 직접 브랜드 비전 및 가치에 대해 소통하고 전달하고자 노력하고 있다.

Environment

건설업은 현재 다양한 글로벌 브랜드가 경쟁하고 있으며, 단순 장비 제조와 판매가 아닌 '인프라 구축을 위한 솔루션 제공'으로 그 범위가 확대되고 있다. 굴착기와 휠로더, 굴절식 덤프트럭, 도저 등의 라인업을 갖춤과 동시에 끊임없는 기술과 제품 혁신을 통해 고

기존 건설기계 업계에서는 시도하지 않던 혁신적인 방법의 판매 시도를 진행하여 대중들이 변화된 브랜드의 모습을 친근하게 접할 수 있도록 소통 채널을 확장

1.4만대
`23 런칭후 디벨론 장비 판매량
('23년 3~9월 기준)

85%
디벨론 런칭 이후 해외판매 비중

166만
본자, 지역 운영 SNS 채널 누적 팔로워 수
('23년 12월 기준)

객 만족을 제공하고 있으며, 수십 여 년간 국내 건설기계 시장 1위를 수성한 독보적 브랜드로 글로벌 120여 개 국가에 연간 2만 대 이상 장비를 판매하며 세계시장에서 한국 제조업의 위상을 높이는데 기여해 왔다.

Resource

기업 내에서 건설기계 브랜드 관련 업무는 약 40 여명의 인원들이 함께 근무하고 있다. 브랜드 전략팀을 중심으로 각 지역의 마케팅 담당 부서와 현지 협력업체들에 이르기까지 국내뿐만 아니라 글로벌을 대상으로 브랜드 가치를 높이기 위한 다양한 활동들을 진행하고 있다. 또한 브랜드 자산을 보호하고 관리하기 위해 제품 판매를 진행하는 125개국에 상표를 출원하여 브랜드의 보호에도 적극적인 대응을 하고 있다. 뿐만 아니라 미적 우수성을 넘어 편의성 및 작업효율성을 위한 디자인을 고민하여 제품 디자인을 통해서도 브랜드 아이덴티티를 전달하고자 하여, 다수의 글로벌 디자인 어워드를 수상할 수 있었다. 이를 기반으로 프리미엄 브랜드 이미지를 구축해나가고 있다.

Mechanism

2023년 브랜드 런칭 이후 브랜드 인지도 및 이해도 강화에 힘쓰고 있다. 국내에서는 국내 건설기계 업계 최초로 굴착기 온라인 스토어 오픈, 홈쇼핑, 주유소를 통한 굴착기 판매 등 혁신적인 방법의 판매 시도를 진행하며, 대중들이 변화된 브랜드의 모습을 더욱 친근하게 접할 수 있도록 소통 채널들을 확장하고 있다. 또한 매출의 큰 부분을 차지하는 북미, 중국, 유럽 등 해외 각 국가에서도 디벨론 브랜드로 로컬 전시회에 참여하고 공항 광고, 현지 잡지 광고 등을 진행하며 신규 브랜드 인지도를 높여가는 활동을 지속 추진하고 있으며, 글로벌 핵심 고객들을 한국에 초청하여 디벨론 브랜드를 실제로 체험하고, 당사 및 한국에 대한 긍정적인 이미지를 제고시키는 기회도 제공하고 있다. 전사/지역 브랜드 활동은 글로벌 각 지역 브랜드와 마케팅 관련 실무진들로 이루어진 BMC(Brand Marketing Committee)를 통해 상호 공유하고 논의하여 진행하고 있으며, BMC에서 논의된 사항을 기반으로 부문장에게 보고가 이루어지며, 전사 브랜드 관련 주요 사항의 경우 CEO 가 직접 의사결정을 진행한다.

Performance

2023년 디벨론 론칭 이후 1.4만대의 장비가 국내외로 판매되고 있으며, 이 중 해외판매 비중은 85%에 달하고 있다. 디지털 캠페인 관련 영상 누적 조회 수는 24백만 건에 달하며, 본사 및 지역에서 운영중인 디벨론 관련 SNS채널 누적 팔로워수는 166만을 넘어서고 있어 그 확장세가 빠르다. 건설기계업 특성상 대부분의 경쟁사가 회사명과 동일한 제품 브랜드명을 사용하는 시장 환경에서, 회사의 고유한 정체성을 유지하면서 새로운 가치를 부여하는 제품 브랜드를 별도로 정립한다는 것은 새로운 도전이었다. 또한 글로벌 브랜드로써 수많은 국가의 상황과 법규를 여러 차례 검토하고, 다양한 지역들의 상호 이해관계를 고려해야하는 어려움도 있었다. 이를 극복하기 위해 리더십 중심의 수시 워크샵 진행, 2주 단위 글로벌 연관 부서 미팅, HQ 중심의 주요 컨텐츠 배포 등 내부 브랜딩을 위한 다양한 노력을 기울이며 연관 부서와의 협업을 통해 브랜드 전환을 신속하게 완료할 수 있었다. 이러한 위기를 극복하는 힘이 향후 디벨론의 행보가 더욱 기대되는 이유이다.

아이오페

(주)아모레퍼시픽

• 국내 레티놀 기능성 화장품을 시작으로 혁신 상품을 지속 발굴하여 안티에이징 시장 선도

• 피부생명공학을 활용한 독자성분과 고효능 성분 대중화로 안티에이징 시장 1위

Clinical Level Tech로 눈에 보이는 변화를 주는 "글로벌 고효능 스킨케어 브랜드"

Background

(주)아모레퍼시픽의 아이오페(IOPE)는 연구소(Lab) 기반의 고효능 스킨케어 화장품 브랜드로 1996년 론칭하여 화장품 기술을 선도하고 혁신적인 제품을 출시하고 있다. 적극적으로 에이징 케어를 원하는 고객들에게 아이오페(IOPE)만의 Clinical Level Tech 고효능 제품을 통해 본연의 아름다움과 자신감을 찾아, 더욱 건강하고 활력 넘치는 삶의 변화를 이끌어 주고자 하고 있다. 아이오페(IOPE)는 오랜 기간 구축한 독보적인 과학 기술 해리티지를 보유한 안티에이징 선구자로서 철저한 성분 분석과 기술 검증을 통해 실체화된 피부 효능 베네핏을 제공하는 고기능성 스켄케어 브랜드이다.

Brand Description

아이오페(IOPE)는 바이오 사이언스 근간의 효능성분(Bio Origin)과 전달기술(Bio Tech) 연구를 통해 확실하게 검증된 고효능 솔루션을 제공하는 브랜드이다. 기존에 제한적이던 고효능 안티에이징 성분을 누구나 제약 없이 쉽게 접근할 수 있는 기능성 화장품을 개발하였으며, 1996년 론칭 이후, 혁신적인 제품들을 연이어 출시하며 국내 기능성 화장품 시장을 선도하고 있다.

Subject

(주)아모레퍼시픽은 '사람을 아름답게, 세상을 아름답게'라는 소명으로 '누구나 자신만의 아름다움을 발견하고 실현하는 삶'의 기업 비전하에, 아이오페(IOPE)는 변하지 않는 과학/도전/믿음의 가치를 동시대적인 고기능 스킨케어 솔루션으로 제공하며, 이를 통해 고객은 노화를 극복할 수 있다는 자신감을 얻고, 더욱 더 적극적이고 주체적인 삶을 실현할 수 있도록 브랜드 경영을 실천하고 있다.

Environment

경제·의료·기술 등의 발전으로 평균수명이 늘어나면서 전 세계적으로 안티에이징에 대한 관심이 커지고 있으며 관련 산업군도 크게 발전하고 있다. 특히, 안티에이징 화장품 시장은 중요도 및 발전 가능성, 성장성이 높은 산업군 중 하나로 글로벌 안티에이징 시장은 지속해서 성장할 전망이다. 이러한 환경 속에서 아이오페(IOPE)는 Bio Science 근간의 효능성분(Bio Origin)과 전달기술 (Bio Tech) 연구를 통해 고효능 솔루션을 제공하며, 국내 기능성 화장품 시장을 대중화하였다. 1997년 국내 뷰티업계 최초로 레티놀을 안정화하며, 레티놀 화장품 '아이오페 레티놀 2500'을 출시하고, 2023년에는 최초 제품 출시 이후 11번 진화를 거쳐 개발한 '레티놀 슈퍼 바운스 세럼'을 출시하며 고효능 혁신 상품들을 지속적으로 발굴하며 안티에이징 시장을 선도하고 있다.

1994년 부터 레티놀 연구 시작, 1997년 국내 최초 '주름 개선 기능성 화장품 출시', 글로벌 안티에이징 시장 선도 브랜드

국내 최초 주름개선 기능성 화장품 출시

국내 안티에이징 시장 1위

17년간 1위, 180만명의 고객 경험

Resource

아이오페(IOPE)는 기업 내부적으로는 브랜드 마케터, 전문 연구원, 디자이너 등 내부 유관부서와의 유기적 협업을 진행하고 있으며, 기업 외부적으로는 임상 기관, 대학교수, 전문의 등 안티에이징 전문가와의 협업으로 안티에이징, 스킨케어 인사이트를 발굴하고 있다. 또한, 전문 리서치 기관을 통해 고객 관점 기반 브랜드 진단 및 소셜 데이터 수시 점검을 통한 마케팅 인사이트를 발굴하고 있다. 아이오페(IOPE)는 아이오페랩 전문가 그룹인 '아이오페 Innovator'를 주축으로 수년간 6천여명의 고객 피부 측정 데이터를 분석하여 제품 개발에 반영하고 있으며, 심층적인 데이터 기반, 피부환경 맞춤 솔루션을 제공하고 있다.

Mechanism

아이오페(IOPE)는 피부부터 소재, 기술까지 모든 과정에 걸쳐 심도있는 연구를 통해 정확하게 피부를 진단하고 고효능의 식물 성분을 안전하고 차별화된 바이오 기술을 통해 피부에 효과적인 솔루션을 제공하고 있다. 아이오페(IOPE) 전문 연구원이 피부/소재/기술을 집약적으로 연구하고 전문적인 고객 피부 측정을 통한 스킨케어 트렌드를 제품 개발에 반영하고, 다양한 안티에이징 외부 전문가와 함께 인사이트 발굴하여 고효능 솔루션을 창출하고 있다. 아이오페(IOPE)의 브랜드 마케터는 고객 관점 기반 브랜드 진단 및 외부 전문 기관 통한 소셜 데이터 수시 점검을 통한 마케팅 인사이트를 발굴하고 있다. '고객 CDJ 기반의 Brand Health 측정'을 통해 브랜드 인지도, 매력도, 구매경험, 만족도, 지지도 차원에서의 평가를 진행하여 아이오페(IOPE)의 브랜드 건강도를 측정하며 브랜드 관리 매커니즘을 구축해 나가고 있다. 브랜드 캠페인 측면에서는 2023년 브랜드 대표 상품인 레티놀 IMC 캠페인을 집행하고, '알아볼수록 레티놀은 아이오페'라는 커뮤니케이션 메시지로 광고, 홍보, 디지털 바이럴 등 전방위적인 마케팅 활동 진행하고 있다. 레티놀에 익숙한 기존 충성 고객에겐 제품의 새로움을 강조하고 신규 고객에게는 레티놀의 효능과 아이오페의 기술력을 인지하고 브랜드가 제품 자체로 인식되도록 캠페인을 운영하며, 독보적인 안티에이징 솔루션 브랜드로서의 포지셔닝을 강화하고 있다.

Performance

아이오페(IOPE)는 국내 최초 기능성 레티놀 화장품을 출시하며 이후 지속적인 안티에이징 성분/기술 연구를 통해 고기능 성분들을 제약없이 사용할 수 있는 스킨케어 제품으로 만들어 국내 기능성 화장품 시장을 선도하였다. 1994년부터 레티놀 연구를 시작하여 1997년 국내 최초 주름 개선 기능성 화장품을 출시하며 레티놀 성분 화장품 시장을 리딩하였으며, 아이오페(IOPE) 대표 제품인 '슈퍼바이탈 크림' 제품은 2006년 첫 출시 이후 누적 판매 2,500억원 돌파하며 17년간 국내 1위, 180만명의 고객이 경험하였다. 아이오페(IOPE)는 고효능 제품의 지속적인 육성 및 업그레이드와 혁신적인 안티에이징 신제품 개발을 통해 피부 노화에 대한 고객들의 실질적인 고민에 집중하고, 진화된 안티에이징 솔루션을 제공하며 브랜드 가치를 극대화할 예정이다.

프라엘(Pra.L)

뷰티 디바이스 대중화를
이끄는 선도 브랜드

LG전자

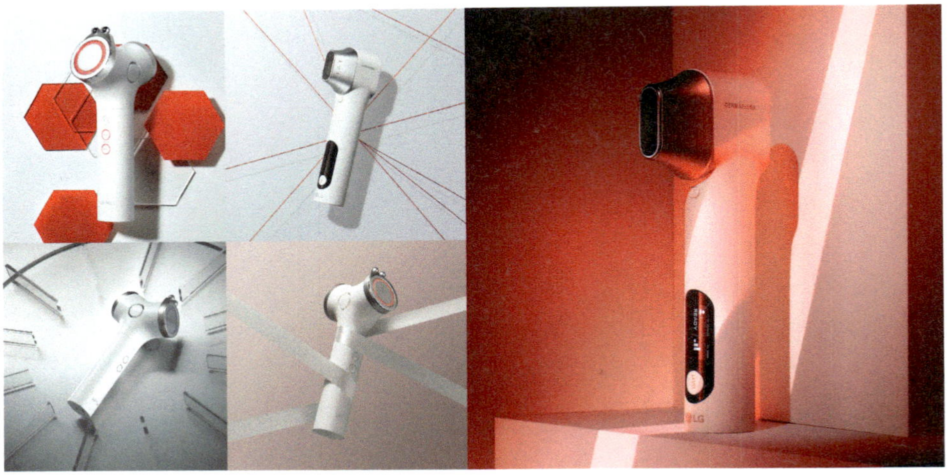

The Private Beauty Care Solution

Brand History

프라엘은 홈 뷰티기기 시장에서 고객들에게 안전하고 효능이 검증된 제품을 선보이는 것을 목표로 2017년 9월 브랜드를 런칭했다. LED 마스크 카테고리를 시작으로 클렌징, 안티에이징을 위한 고주파, 미세전류, 집속 초음파 디바이스로 스킨케어 카테고리를 확장하고, 2020년부터는 가정용 의료기기까지 카테고리를 확장하여 뷰티 디바이스 리딩 브랜드로 자리매김 했다. 2023년 1월에는 더마쎄라를 출시하며 '프라이빗 뷰티 케어 솔루션'을 지향하는 프리미엄 뷰티 디바이스 브랜드로 비전을 재정립하고 D2C(Direct to Consumer, 유통 과정을 최소화하여 소비자에게 직접 제품을 판매하는 방식) 채널 플랫폼인 프라엘 직영몰을 오픈하여 고객과 직접 소통하고 다양한 피부 고민에 최적화된 솔루션을 제공하는 창구로 적극 활용하고 있다.

Brand Overview

프라엘의 브랜드 슬로건은 'The Private Beauty Care Solution'으로, 나에게 맞춰 나만의 아름다움을 찾아주는 프라이빗 뷰티 케어 브랜드를 지향한다. 프라엘은 뷰티 케어 제품으로서 가전 명가 LG가 만든 과학적으로 입증된 탁월한 효과로 피부 효능을 극대화하며, 기술 신뢰성 확보를 위해 고객이 안심하고 사용할 수 있도록 임상 설계부터 안전 심사까지 각 분야 전문가로 구성된 전문 개발팀을 구성하여 제품을 개발한다. 또한, 포항공대 산학 연계를 통해 고객 지향적인 디자인을 적용하여 차별화하고 있다.

Subject

LG전자는 고객 가치를 혁신하고 고객에게 새로운 경험을 제공하기 위해 미래성장동력으로 ABC(인공지능, 바이오, 클린테크) 분야를 적극적으로 육성하고 경쟁력을 강화하고 있다. 프라엘은 사용 데이터를 학습해 계속적으로 진화하는 LG전자 유일의 개인용 디바이스이며, 피부라는 유기 조직의 바이오 데이터를 전자의 핵심기술로 진화시킬 수 있다는 점으로 LG의 비전과 함께하고 있다. 프라엘의 브랜드 비전은 'Authentic Beauty'로 누구나 나에게 맞는 에너지를 채워 건강하고 자신감 넘치는 아름다움을 일상에서 누릴 수 있게 하고자 한다.

Environment

뷰티 디바이스는 새롭게 성장하는 카테고리로 코로나 19 이후 홈케어에 대한 고객들의 니즈가 급증하면서 폭발적으로 수요가 증가하고 있으며, 글로벌 뷰티

고객 니즈에 맞는 홈 뷰티 디바이스 제품 라인업 확대

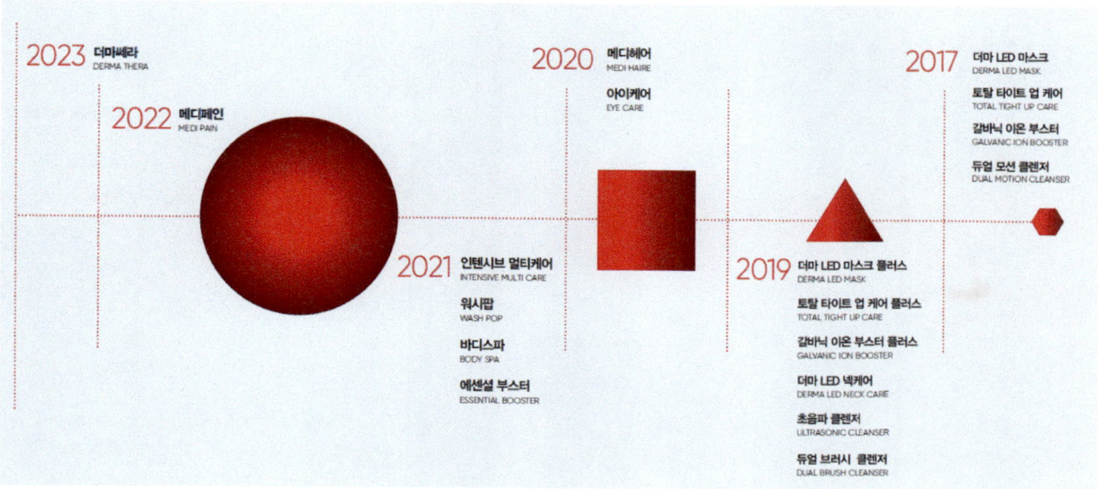

디바이스 시장은 매년 20% 이상씩 성장하는 것으로 추정된다. 이에 프라엘은 프리미엄 뷰티 브랜드로서 브랜드 경험을 강화하고, 디지털 직영 채널을 중심으로 하는 신규 사업 모델을 통해 고객 경험을 지속적으로 창출하여 브랜드 인지도를 높이고 시장 점유율을 확대해 가고 있다. 프라엘 브랜드 타겟은 뷰티 카테고리의 관여도가 높은 고객, 화장품 및 피부과 시술 등에 관심이 높은 고객, 피부 관리에 관심이 많은 3050 고객이다. 국내 주요 경쟁 브랜드로는 메디큐브 에이지알 부스터 프로, 유쎄라 등이 있으며, 프라엘은 유일한 대기업 소속 뷰티 디바이스 브랜드로서 시장을 선도하며 높은 인지도를 확보하고 있다.

Resources

프라엘 브랜드 운영 조직은 뷰티 브랜드에 몸담거나 런칭 이후 부터 홈뷰티 사업에 참여하여 뷰티 디바이스에 대한 이해도가 높은 구성원으로 조직되어 있다. LG전자 H&A 본부 홈 뷰티 사업부(영업-상품기획-ODM, 디자인, 개발팀 등) 이외에도, 내부의 지원 조직, 전문의로 구성된 자문 교수단, 포항공대 산학 연계 등 조직 내외부 전문가 집단에서 브랜드 및 제품에 대해 검증하고 있다. 프라엘 브랜드 홍보를 위해 2023년 TV, 디지털, 오프라인을 넘나드는 전방위적인 마케팅 커뮤니케이션을 진행했으며, 이러한 마케팅 활동을 통해 뷰티 디바이스 명가로서의 정체성을 강조하여 다양한 고객층에 다가가려 하고 있다. 전통 매체 뿐만 아니라 유튜브, 인스타그램 인플루언서를 활용한 바이럴 마케팅으로 3040 뷰티 고관여 타겟 고객들과의 접점을 넓혀 나가고 있다.

2023년 대표적인 마케팅 사례

- 신제품 더마쎄라 TV광고
- 더마쎄라 팝업 스토어 운영
- 프라엘 공식몰 디지털 광고 캠페인 진행
- 인플루언서 협업 콘텐츠 다수 제작
- 온/오프라인 활동으로 팔로워와 소통하는 대고객 이벤트 지속 운영, 전년 대비 공식 SNS 반응률 증가

홈뷰티 사업은 안티에이징과 클렌징으로 대표되는 스킨 케어 분야와, 탈모치료기기와 같은 홈 의료기기 분야로 운영 중이다. 뷰티 분야에서는 스킨 케어에 효과적인 전기적, 광학적 기술들을 적용한 제품으로 가정 내에서도 효과적인 피부관리를 할 수 있는 고객 경험을 제공하고 있으며, 홈 의료기기 분야에서는 탈모나 만성 통증과 같은 생활 속 고민을 관리하여 삶의 질을 올릴 수 있는 경험을 할 수 있도록 역량을 확대해 나가고 있다.

Mechanism

LG프라엘은 신제품 개발 시 해당 프로젝트를 기반으로 기능별 조직이 함께 접목되어 민첩하고 유연하게 업무 진행이 가능한 의사결정체계를 구축했다. 프라엘은 타 경쟁 브랜드에는 없는 국가가 지정한 연구소를 기반으로, 안전성과 효과성을 바탕으로 하여 제품을 개발하고 있다는 것이 차별화된 장점이다. 또한, 자문 교수단을 운영하여 연구기반의 개발을 지속적으로 진행하고 있다. 프라엘 브랜드 경쟁력 강화를 위해, 상품 기획 및 개발 단계에서 고객 조사를 통해 고객의 니즈를 반영하고,

고객 접점 확대를 위한 오프라인 팝업 스토어 진행

고객 구매여정 전반을 아우르는 체험 중심의 프라엘 더마쎄라 팝업스토어 '쎄라하우스 DOSAN 운영'

국내 홈 뷰티 디바이스 대표 브랜드

디자인 및 브랜드 분야 대외 수상

더마쎄라 팝업스토어 운영

pain point(고객이 불편해하는 부분)을 즉각적으로 개선하고 꼼꼼한 품질 검증 시스템을 통해 안전하고 효능있는 제품으로 출시되도록 프로세스를 진행한다. 제품 출시 이후에도 전국의 300개 이상의 LG전자 서비스 센터에서 케어를 받을 수 있는 것도 프라엘의 브랜드 전략이다.

Performance

프라엘은 개인에 대한 관심이 증대된 뉴 노멀 시대로의 전환을 맞아, 고객 수요에 적합한 뷰티 디바이스 제품 라인업을 출시하여 뷰티 디바이스 산업을 대중화시킨 대표 브랜드이다. 2023년 출시한 신제품인 더마쎄라는 2023년 IF 디자인 어워드 대상, 레드닷 디자인 어워드 대상, 국가산업대상 등 대외적으로 브랜드 및 디자인에 대한 우수성을 인정받았으며, 이외에도 LG프라엘, LED 스킨케어 세트 등이 외부 어워드에서 수상했다.

주요 정성적 성과

- **2018** 핀 업 베스트 100(LG프라엘)
- **2018** 베스트 오브 베스트(LG프라엘)
- **2018** 레드닷디자인어워드(LED스킨케어세트)
- **2021** 굿디자인코리아(투인원 모이스처케어)
- **2021** 레드닷디자인어워드(클렌징부스터)
- **2021** 굿디자인코리아(인텐시브 멀티케어)
- **2022** IF 디자인 어워드(인텐시브 멀티케어)
- **2023** IF 디자인 어워드(더마쎄라)
- **2023** 레드닷디자인어워드(더마쎄라)
- **2023** 국가산업대상(더마쎄라)

프라엘은 고객 접점 확대를 위해 오프라인 팝업 스토어인 '쎄라하우스'를 전개했다. 2023년 5월~6월 총 45일 동안 운영한 팝업 스토어에서 더마쎄라 제품을 체험할 수 있는 프라이빗 케어존 및 셀프케어존을 운영하고, 현장에서 제품 판매 및 구매혜택을 제공했다. 뿐만 아니라, 쎄라하우스 굿즈 및 콜라보 뷰티 브랜드 굿즈를 제공하는 스탬프 투어, 뷰티클래스 등을 진행하며, 통합 고객 경험을 제공하는 새로운 팝업 스토어를 운영하여, 20~30대 방문율 77.2%를 달성했으며, 총 방문자수 16,583명, 디지털 콘텐츠 약 31,986,146건(전체 콘텐츠 노출, 조회, 반응의 합)을 달성했다. 이를 통해 타겟 고객 뿐만 아니라 다양한 고객군과의 접점을 마련하여 잠재고객을 확인한 계기가 되었으며, 다양한 LG전자 제품에 대한 복합적인 고객 경험을 제공하여 시너지 효과를 창출하는 성과가 있었다.

향후 계획

프라엘은 고객들의 피부 고민을 해결할 수 있는 다양한 뷰티 디바이스를 개발하여 피부 건강과 아름다움에 니즈가 있는 모든 고객들이 만족하는 브랜드로 자리매김 하고자 한다. 또한, 뷰티 디바이스 카테고리가 생활가전 카테고리에 안착될 수 있도록 뷰티 디바이스 시장 확대 및 차별화된 제품 개발을 위해 노력해나갈 계획이다.

대한민국브랜드대상 소개

「대한민국브랜드대상」은 산업통상자원부가 주최하고 산업정책연구원(IPS)이 주관하는 국내 유일의 브랜드 관련 정부 시상 제도로서, 창의적이고 선진적인 브랜드경영을 통해 산업경쟁력을 제고하고 우수한 브랜드 육성을 통해 국가경제발전에 기여한 우수업체, 지방자치단체, 기타 기관 및 단체가 보유한 브랜드에 대하여 정부 시상을 실시합니다.

「대한민국브랜드대상」은 산업디자인진흥법시행령 제5조에 의거하여 매해 산업통상자원부 공고를 통해 게재되고 있으며, 신청접수 후 서류심사 및 1차, 2차 평가위원회의 심사를 거쳐 최종 수상기관을 선정, 시상식을 진행하게 됩니다.

산업통상자원부

KOREA brand AWARDS 대한민국 브랜드 대상

- **시상명칭** 대한민국브랜드대상
- **주최/주관** 산업통상자원부 / 산업정책연구원
- **시상종류**
  - · 대상(대통령상) 1점
  - · 최우수상(국무총리상) 1점
  - · 우수상(산업통상자원부장관상) 6점
  - · 장려상(산업정책연구원이사장상) 2점
- **신청자격** 기업(기업/사업부문), 지자체, 기타 기관 및 단체가 보유한 브랜드
  - · 체계적인 브랜드 관리 도입을 통해 기업 경쟁력 제고, 일자리 창출, 수출 확대 등 산업 발전 및 국가 경쟁력 강화에 크게 공헌한 기업(기업/사업부문)의 브랜드, 기타 기관 및 단체의 브랜드
  - · 고부가가치 산업의 창출을 위해 브랜드경영 개념을 도입하여 지역 및 국가 경쟁력 강화에 크게 기여한 지방자치단체의 제품/서비스/도시 브랜드
- **문 의 처** 02-456-5588

2023년 제25회 대한민국브랜드대상 수상기업 및 브랜드

구분	수상기업 - 브랜드
대상(대통령상)	CJ제일제당㈜ - 비비고
최우수상(국무총리상)	㈜하나투어 - 하나투어
우수상(산업부장관상)	경상남도 통영시 - Tonight Tongyeong
	(재)고양국제꽃박람회 - 고양국제꽃박람회
	크레텍책임㈜ - 크레텍책임
	㈜제주항공 - 제주항공
	㈜티머니 - 티머니
	HD현대인프라코어㈜ - 디벨론(DEVELON)
장려상(산업정책연구원이사장상)	㈜아모레퍼시픽 - 아이오페
	LG전자㈜ - LG 프라엘

산업정책연구원 소개

1993년 산업자원부(現 산업통상자원부) 허가로 설립된 사단법인 산업정책연구원(이하, IPS)은 국내·외 경쟁환경 뿐 아니라 미래의 환경 변화를 예측하고, 그에 맞는 정부 및 기업(기관)의 경쟁력 향상을 위한 정책 및 전략 개발에 역량을 집중하고 있습니다.

IPS는 개원 이래 최신 경제, 사회, 환경뿐 아니라 미래의 환경 변화를 예측하고, 그에 맞는 정책 대안을 제시함으로써 국가·사회와 동반 성장해왔습니다.
현재 IPS는 브랜드 가치평가, 브랜드 전략 수립, 브랜드경영 사례개발 등 브랜드 연구, 브랜드 전문가 교육과정 운영, 디자인 정책 연구, 지속경영 연구, 서비스산업 연구 등을 수행하고 있으며, 각 부문에서 탁월한 성과를 창출하며 정부 및 민간 부문의 경쟁력 향상에 기여하고 있습니다.

01 역량

- 31년 역사의 브랜드·디자인 등 산업 분석 및 정책 수립 연구 전문기관
- 100% 석·박사 출신 연구원 및 실무 경험이 풍부한 인력 보유
- 폭 넓은 산업 분야의 축적된 DB

02 연구 전문 기관

- 정부 및 민간부문의 경쟁력 향상을 위한 정책·전략 개발에 대한 자문 및 다양한 전문연구수행
- 세계 3대 국가경쟁력 발표기관
- 국가/도시/기업/브랜드 가치평가 발표기관
- 산업정책연구원 고유의 연구 모델 보유 (브랜드 가치평가 모델, 국가경쟁력평가모델 등)

산업정책 연구원

03 공신력

- 대한민국브랜드대상 심사 및 운영기관 (대통령 포상, 2005년 ~ 현재)
- 지역경제혁신대상 심사 및 운영기관 (산업통장자원부 장관상, 2004년 ~2018년)
- 대한민국 사랑받는 기업 포상 및 심사 운영기관 (대통령 표창, 2013년 ~ 2018년)

04 네트워크

- 2004년 산업정책연구원 교육 프로그램을 이관/분사해서 설립된 석박사 중심 aSSIST 경영전문대학원
- 마케팅/브랜드, 디자인·ESG, 윤리경영 관련 세미나/연구회/포럼/교육과정 운영 (브랜드전문가 과정, 윤경SM포럼, ESG 교육과정 등)

산업정책연구원 '브랜드 전문가 과정'

과정 개요

브랜드전문가과정(BSP)은 전략적 브랜드 관리를 위한 핵심 개념들을 심화 학습하고 사례 중심 강의를 통해 실질적인 브랜드 관리 역량을 갖춘 브랜드 전문가를 양성하는 교육 프로그램입니다.

교육 대상

- 브랜드 분야의 전문가가 되길 희망하는 마케팅, 브랜드, 홍보, 기획 부서
- 기업 실무에 활용 가능한 브랜드 기본지식을 습득하고자 하는 마케팅 비전공자
- 전사적인 브랜드 경영환경을 조성하고 사내 브랜드 커뮤니케이션을 촉진하고자 하는 기업의 의사 결정자

과정 특징

- 국내 교육과정과 해외 교육과정으로 구성, 선택 수강 가능
- 브랜드 전문가 자격증 발급 (교육 수료 후 자격시험 응시)

브랜드 전문가 과정

구분	일정	장소	커리큘럼(안)
국내 과정	3일 과정	서울 서대문구 핀란드타워	· 브랜드 아이덴티티 구축 전략 · 브랜드 위기관리 커뮤니케이션 전략 · 브랜드 포지셔닝 전략 · 사례로 배우는 상표법의 이해 · 브랜드 자산 관리 전략 · AI시대 브랜드 전략 등
해외 과정	3박 4일 (예정)	오사카 (예정)	· 현지 브랜드 체험 프로그램 · 브랜드 탐방(투어 및 체험) · 브랜드 사례 및 특강

*국내/해외 통합과정 수강 가능

과정 문의

02-360-0773,0769

yjcho@ips.or.kr
hjlee2@ips.or.kr

산업정책연구원 '브랜드 자산가치 평가'

산업정책연구원은 2000년 산업통상자원부 의뢰로 각 산업별 특성을 반영한 브랜드 가치평가 모델을 구축하여 매년 기업 브랜드 가치를 화폐가치로 평가·발표하고 있는 공신력 있는 기관입니다.

객관적인 브랜드 평가 모델을 기반으로 기업 및 제품, 활동에 대한 브랜드 가치를 평가하여 브랜드의 현재 위치를 파악하고, 브랜드 전략 수립의 방향성을 제시합니다.

평가 개요

- 재무자료(기업/제품 매출액 등) 분석
- 소비자 설문조사 진행
  : 전국 만 20세 이상 남녀(성별, 연령별 비례할당)

평가 특징

- 재무 데이터 분석과 소비자 설문조사를 통한 통합적 접근
- 산업별 기업 특성에 맞는 브랜드 가치평가 모델 보유
- 20년간 환경 변화에 맞게 브랜드 가치평가 모델 수정 및 보완
- IPS 브랜드 가치평가 결과 보고서 제공

평가 특징

- 브랜드 자산가치(화폐금액) 산출
- 브랜드 소비자 평가 결과
- 가능한 경우 산업군 내 경쟁 브랜드 가치 평가 비교 분석

신청 문의

02-360-0788, 0785

sjlee3@ips.or.kr
hjlee@ips.or.kr

평가 결과 활용

기업의 성과 측정
정기적인 성과 측정으로 차기 브랜드 전략적 계획 수립에 반영 가능

기업 가치에 적용
기업 평가 요소로 브랜드의 화폐가치를 측정, 대차대조표에 계상

경쟁우위 확인
동종 업계 내 경쟁사에 대한 가치 확인을 통한 향후 전략 수립 가능

M&A 등 의사 결정 시 활용
기업의 인수합병 과정에 보다 구체적인 브랜드 가치 고려 및 적용 가능

가치 변동분 확인
특정 사건으로 인한 브랜드 가치 하락분 및 상승분 화폐가치 산출 가능
다수의 소송 근거 자료 제시 및 활용

2023 대한민국브랜드대상 수상 사례

2024년 4월 18일 | 제1판 1쇄 인쇄
2024년 6월 24일 | 제1판 1쇄 발행

지 은 이 | 이수지, 이형진, 이화진, 조연주, 하수경
발 행 인 | 산업정책연구원 브랜드디자인본부
발 행 처 | 서울경제경영출판사
북디자인 | 주식회사 유어플레이스

주 소 | 03767 서울특별시 서대문구 신촌로 203, 7층(대현동, 핀란드타워)
전 화 | 02-456-5588
팩 스 | 02-456-2044
등 록 | 1998년 1월 22일 제5-63호

I S B N | 979-11-89116-09-5
정 가 | 9,500원